JN210089

親の入院・介護が必要になるとき
いちばん最初に読む本

ファイナンシャル・プランナー
豊田眞弓 著

アニモ出版

はじめに

備えあっても憂いあり、それが介護――。

老後資金セミナーや親の介護セミナーでは、そのようにお話しています。どんなに準備をしていても、親の介護はどのような形で現われるかはわかりません。あるいは、現われないまま通り過ぎる人もいます。だからといって、何も準備をしないでいるわけにはいきません。それなりの情報武装や、準備をしておくことが大事です。

40代、50代のいわゆる責任世代は、子どもに「手」がかからなくなる代わりに、「教育費」がかかる時期にあり、住宅を取得していれば「住宅ローン」の返済にも追われている年代です。そして、特に50代は老後資金づくりのラストスパートの時期でもあります。

そこへやってくるのが、「親の看護・介護」という生活を一変させるインパクトです。しかも、その「Xデー」はいつ来るのか、来ないのか、インパクトの大きさも、期間もまったくわかりません。わかっているのは、「Xデー」が来たときには、主体的に自分のこととしてこの問題に立ち向かっていかなくてはならない、という事実です。

私自身、2010年に「親の介護」に備える最初の本を書かせていただいたときは、両親が立て続けに倒れ、入院・手術をしたことから、介護に直面する日が近いのではと身構えていました。おかげさまでいまも両親は健在ですが、私もそれなりに準備を進めています。

周囲を見回すと、さまざまな「介護」の形があります。50代で仕事を辞め、家族と離れて10年近くマンツーマンで在宅介護をしたAさん。施設入所を嫌がる1人暮らしの90代の義母を片道1時間半かけて隔週で様子を見に行っているBさん。親が軽度の認知症を発症してグループホームに入所し、隔月で会いに行っているＣさん。

「親の介護・相続と自分の老後に備える.com」や私自身の相談業務でも介護がらみのＳＯＳが入ることがあります。地方に住む母親の介護をしていた父親が倒れ、急に両親２人の介護に直面して途方にくれる30代女性や、実の親との確執から介護をしたくないのに同居を迫られ悩む50代女性、親が認知症になってお金がかかるのに預貯金がなく、資産が家しかなかったとわかって愕然とした50代男性。

ある日突然、人生の最重要課題として、親の看護・介護が現われたとき、何をどうしたらいいのでしょう？　自分にできることは何か？　親の介護の先に、自分たちの老後があることも頭に置きつつ、限られた時間やお金を使って、最善でなくても次善の策を練るのです。そんな答えのない問題に取り組んでいかなければなりません。

本書は親の介護に直面したときに途方に暮れることがないよう、役立つ情報をまとめました。最低限の情報武装をし、できることを事前にやっておくことで、「憂い」は軽減されるはず。ぜひ介護について当事者として考えるきっかけにしてほしいです。

最後になりましたが、辛抱強くお付き合いいただきご指導いいただいた編集の小林良彦さんに、この場を借りてお礼申し上げます。

2019年８月　　　　　　　　　　　　　　　　豊田 眞弓

本書の内容は、2019年８月20日現在の情報にもとづいています。

親の入院・介護が必要になるとき　いちばん最初に読む本

もくじ

2章

これだけは知っておきたい医療保険制度

3章

親が要介護状態に！ さぁどうする？

4章

押さえておきたい公的介護保険制度のツボ

5章

介護施設への入所を考える

6章

介護のためのお金はどうつくる？

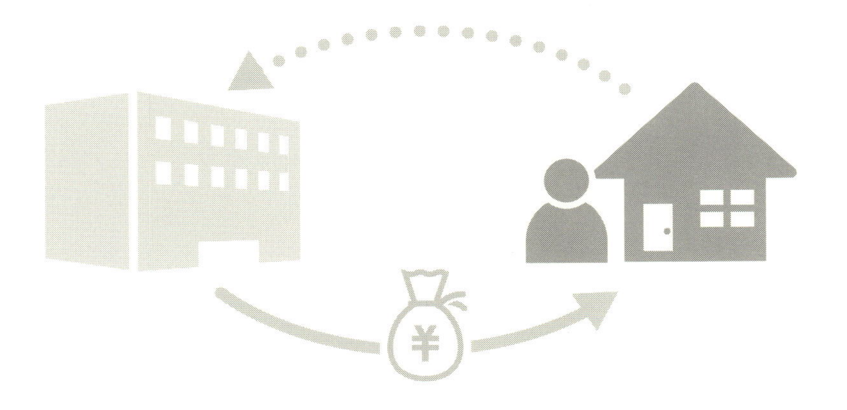

7章

書き込み式で整理！
親が倒れる前にやっておく9つのこと

カバーデザイン◎水野敬一

本文ＤＴＰ＆図版＆イラスト◎伊藤加寿美（一企画）

1章

親が倒れた！ さぁどうする？

この章のキーワード

1-1 親が倒れた！ 救急車を呼ぶ？ 直接行く？

まずは横にさせて楽な状態に

家族が突然、発作を起こして苦しみだしたり、倒れたりしたとき、まずは周囲のものをどかすなどして横にさせ、衣類をゆるめるなど楽な状態にします。と同時に、119番に連絡をします。

もう何年も前の話ですが、早朝に父が狭心症の発作を起こしました。かかりつけの病院までは車で１時間。父は救急車を嫌がったのですが、母が消防署に電話をして症状を伝えたところ、その症状なら救急車で行ったほうがいいとアドバイスされたそうです。結果的に、搬送中にとった心電図などが医師の判断材料にもなり、病院到着後、緊急手術となりました。

親が体の異変を訴えたときに、救急車を呼ぶべきかどうかは迷うところです。家族が車を運転して乗せていける状況でも、**症状が重い場合は、やはり救急車を頼む**といいでしょう。

専門医のいるかかりつけの病院があって、入院に対応できるなら、そこへ運びましょう。夜間や週末で主治医と連絡が取れない場合は、救急外来で見てもらえる所を探さなくてはなりません。

119番に電話をして救急を告げると、名前や住所、症状などを聞かれます（症状が起きた時間や状況などは、救急車の中でさらに詳しく聞かれます）。

また、救急車が来るまでの間に、患者の体を横に向けるとか、衣服をゆるめてとか、できることなどを教えてくれます。このとき、コードレスの電話で出ると、話しながら作業できます。

救急車を呼ぶべきか判断がつかないときは

救急車を呼ぶべきか、救急病院へ行くべきかどうかなどの判断がつかないときは、**#7119**（携帯電話、ＰＨＳ、プッシュ回線）の「**救急相談センター**」に電話をしましょう。症状を伝えると、急を

◎救急隊から聞かれること◎

- 通報者の名前
- 家の目印となるもの
- 患者の名前
- 症状とそれが生じた時間など
- 持病の有無
- 現在、飲んでいる薬など
- 通報前にした処置など
- 住　所
- 電話番号
- 年齢・性別
- 血液型
- 通っている病院
- 現在の容態

（＊）144ページの健康ノートを冷蔵庫などに貼っておきましょう。
　また、手帳やサイフに入れてふだんから携帯しておくのも一法です。

要するかどうか、救急車を利用すべきか判断してくれます。自分で病院へ行くにしても、夜間や週末のときには、救急外来の担当病院などを教えてもらうこともできます。

　また、家以外の場所で発作を起こしたり、倒れる可能性もあります。**連絡先や健康ノート**（☞144ページ）**を２枚**つくって、携帯電話のケースとサイフに入れておけば、外で倒れたときにも救急隊に情報提供ができます。

あらかじめやっておこう！

緊急のときのために、主治医の連絡先や救急相談センター（#7119）などの連絡先を電話の前に貼っておきましょう。また、健康ノートも身につけておきましょう。

1-2 救急で病院へ行くときの持ち物などは？

現金、カード、健康保険証、診察券、携帯電話…

わたしは、父で３回、母で１回、息子で２回、自分で１回、救急車のお世話になりました。

「救急車でなくても…」と言われる救急外来は何度か利用したことがありますが、そのときの経験も踏まえ、救急車あるいはタクシーで救急外来へ行く場合に、持っていくべきものとしては次のようなものがあると思い、整理しておきます。

まず、**現金**。救急車で運ばれてそのまま入院というときは、その日の支出はないかもしれませんが、検査だけして、とりあえずその日は帰されることもあります。帰りのタクシー代も発生します。

倒れたのが昼間で、会計窓口が開いていて、しかも大きな病院であるなら**クレジットカード**が使えるかもしれませんが、夜間はほとんどが現金での支払いのみになります。病院が便利な場所にあるなら、ちょっと近所のコンビニで引き出してくる、ということもできるかもしれませんが、そうはいかないことも多いでしょう。

救急隊員からも、家を出る前になぜか「現金」のことを言われました。病院で診察後に払えないトラブルにならないためでしょうか。

健康保険証はもちろん、かかりつけ医の連絡先がわかる**診察券**なども用意しておきましょう。**お薬手帳**や、**いま飲んでいる薬**そのものも持参するといいでしょう。そのまま入院になったときには必要になりますし、救急病院で他に薬を出すことになったときにも情報として求められます。

その他にも、病院に運ばれたあとで家族に連絡を取るために、**携帯電話**なども必要です。電話番号が記録されていれば携帯電話だけでいいですが、手書きの場合はその**連絡帳**なども必要です。

また、その日に帰る可能性もあるので、**患者の靴や上着**なども忘

◎救急で病院へ行くときの持ち物◎

- 現金（サイフ）
- 健康保険証の準備
- かかりつけ医の診察券
- 飲んでいる薬（お薬手帳）
- 携帯電話（連絡先のわかるもの）
- 靴、上着など（ストレッチャーで運ばれる際に忘れがち）
- メモ帳・ボールペン

◎救急で病院へ行くときの注意点◎

- 火の始末
- 戸締り（窓などを開けたままだと不用心）
- （誰もいなくなるなら）ペットのエサなど

れないようにしましょう。他にも、医師から言われたことをメモするための**メモ帳やボールペン**もあるといいでしょう。

持ち物ではないですが、出かけるときには火の始末や鍵、ペットがいるなら餌なども忘れないようにしましょう。当たり前のことが、動揺しているとできなくなることもあるので、注意しましょう。

総務省消防庁「平成28年版 救急・救助の現況」によると、通報をしてから救急車が到着するまでの平均時間は8.6分。その間にできることをしましょう。

ここに注意！

救急車は、頼めば音を消してきてくれます。深夜・早朝に救急車を呼ぶときは、近所に配慮して音を鳴らさないようにお願いしましょう。

1-3 知っておきたい心肺蘇生

親が高齢の場合は救命講習を受けておきたい

十数年前、家族が目の前で発作を起こして倒れたときに、呆然として119番に電話する以外、何もできなかった経験をしました。それで**救命講習**を受けることにしました。自分の目の前で親が倒れるとは限りませんが、念のため**心肺蘇生**も押さえておきましょう。

在宅介護中に親の呼吸が止まったのを見て、片手で「胸骨圧迫」（いまは心臓マッサージと言わないそうです）をしながら、片手で電話をして救急車を呼んだという友人もいます。心肺蘇生をするには資格も必要ありません。

急に意識がなくなって心臓が止まった場合は、すぐに心肺蘇生を行なう必要があります。日本ＡＥＤ財団のサイトには、「突然の心肺停止から119番通報をして救急隊の到着を待っていると9.2％しか救命できないが、胸骨圧迫をすることで２倍、さらにＡＥＤを用いることで半数以上の人を救える」とあります。

まずは、親が倒れた、または意識がなくなってからの流れをみてみましょう。日本赤十字社の講習内容を参照しています。

①**反応の確認**…大きな声で呼びかけ、肩を軽くたたき、反応を確認します。意識がない、反応が鈍い場合は、119番に通報し、近くにいる人にＡＥＤの手配を頼みます。

②**呼吸の確認**…横になっている親の胸部や腹部を観察し、呼吸の有無を確認します。呼吸があればそのまま救急車を待ちますが、呼吸がないときは、心肺蘇生が必要です。

③**胸骨圧迫**…堅い床に上向きで寝かせ、右ページ図のように両手を重ねて両肘を伸ばし、手掌基部で親の胸の真ん中あたりを垂直に圧迫します。１分間に100～120回のペースで30回圧迫します。医療従事者や講習で学んだなどスキルがある場合は、気道を確保し、

◎胸骨圧迫と気道確保のしかた◎

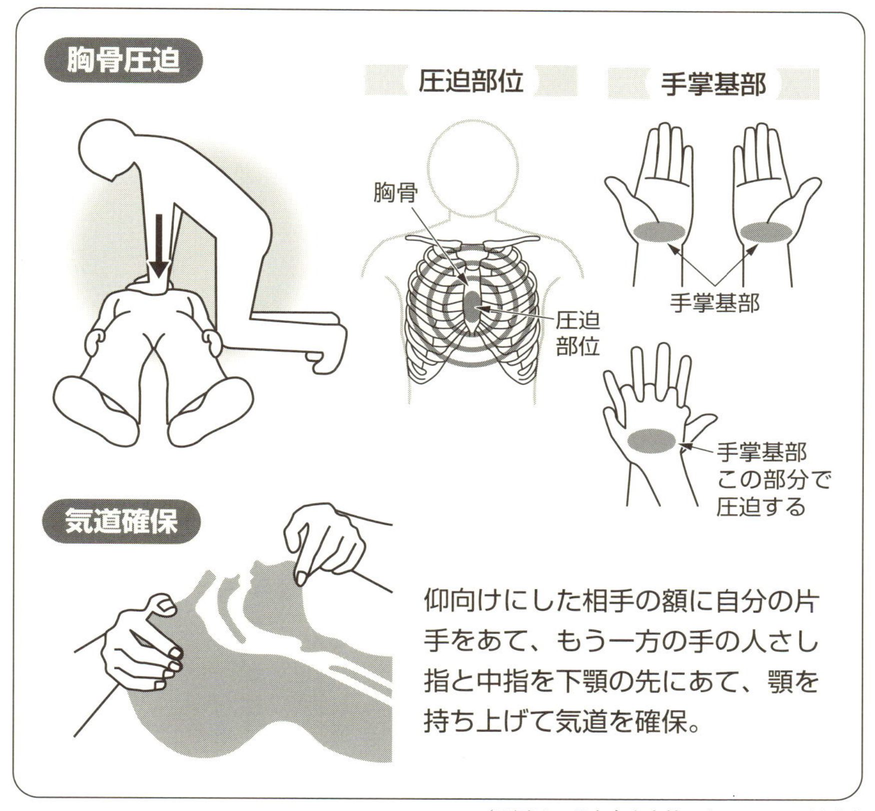

（※図は、日本赤十字社のホームページより）

人工呼吸を組み合わせます。呼吸が戻らない場合は、胸骨圧迫30回ののち人工呼吸２回を繰り返し、救急車を待つか、あるいはＡＥＤがあれば挑戦します。人工呼吸をせずに、連続的に胸骨圧迫をするだけでも効果的です。

知ットク！

消防署や日本赤十字社などでは、無料の救命講習などを行なっています。40代以降の人は意識して受講しておきましょう。

1-4 入院準備はどうする？

入院生活に必要なもの、便利なものも忘れずに

病院に入院する際には、指定された時間までに「入退院受付」へ行き、受付を行ないます。手続きの際には、準備するよう指定された必要書類を忘れずに提出しましょう。

入院時に受付で求められるものとしては、右ページ①のようなものがあります。**診察券**や**健康保険証**（生活保護法等で入院される方は、その証明書）、**老人保健医療受給者証**などがあります。他にも入院が決まったときに、外来窓口で**入院申込書**を渡されているはずなので、必要事項を記入して受付で提出します。

②入院生活で必要になるものと、③あれば便利なものもあります。忘れても売店でそろえることができるのと、あとから届けることもできるので、すべてを完璧にそろえる必要はありません。

なお、最近は、ほとんどの病院が全面禁煙です。親が喫煙者である場合は、急な禁煙も迫られます。ガムやミントキャンディーなどの代替品も用意しましょう。

また、「入院申込書」には入院をする本人の名前や住所などの他、「**身元引受人**」や「**連帯保証人**」の記入欄もあります。身元引受人は緊急対応する人、連帯保証人は支払い義務を負う人、という意味です。両者は別の人が求められます。

緊急入院などで入院時に手続きが間に合わなかった場合は、早めに記入して提出することを求められます。なかには、連帯保証人を立てない代わりに、入院時に入院保証金を求められる病院もあります。病院によって異なりますが、５万〜20万円程度です。

なお、2018年の厚生労働省の調査では、入院時に65％の医療機関が身元保証人を求め、うち８％は保証人がいない場合は入院拒否となり、これは医師法違反ではないかと問題になりました。

◎入院準備で必要なこと◎

【①入院時に受付に提出する主なもの】

●診察券　●健康保険証（後期高齢者医療被保険者証）
●入院申込書　●入院保証金（必要な場合）
●飲んでいる薬、お薬手帳

【②入院生活に必要なもの】

●前開きのパジャマ（病院のレンタルもある）、カーディガンなど
●下着、靴下　●介護シューズなど（履きやすく滑りにくいもの）
●洗面用具（歯ブラシ、歯磨き粉、コップ、石鹸）
●シャンプー、ヘアブラシ、電気かみそり（男性）
●タオル、バスタオル　●ティッシュペーパー、ウエットティッシュ
●箸、スプーン、フォーク、湯呑み、マグカップなど
●メモ帳、ペン　●現金（1000円札や小銭）　●ビニール袋
●入れ歯、ケース、洗浄剤　●時計　●その他、指定されたもの

【③あると便利なもの】

●ケータイ電話　●イヤホン、ラジオ、テレビカード
●読書が好きな人は本、老眼鏡　●耳栓　●消臭剤
●Ｓ字フック（レジ袋をかけてごみ袋にするなどで重宝）　●その他

しかし、2019年６月３日付で厚生労働省は、身寄りがない人の入院・医療に関する意思決定が困難な人への支援に関するガイドラインを通達しました。身寄りがない人の入院時には、成年後見人や行政との連携を強めて対応するべきといった内容ですが、家族がいる場合は従来と変わらずに保証人が求められます。

ここに注意！

親が救急車で運ばれて、そのまま入院せざるを得ないこともあるでしょう。そのため、日ごろから最低限の「入院パック」をつくっておくことも大事です。災害時の避難用パックにもなります。

1-5 セカンド・オピニオンを受けるには？

別の医師の意見を聞くことは特別なことではない

親の病気に関して、主治医が出した診断や治療法、治療方針の説明を受けた場合、特に命に関わる際に納得がいかない場合もあるでしょう。そんなときは、いまは、他の医師の意見である「**セカンド・オピニオン**」も聞いて、納得して手術や治療を受けたい、という人（家族）も増えています。同じ病気・病状でも、医師によって治療方針が異なることもあるためです。

特に、命に関わる重要な選択になるときほど、セカンド・オピニオンのニーズは高まります。また、治療法が限定されているときや、あるいは逆に、いくつかの治療法があるなかで患者や家族が選ばなければならないときにも、このニーズは高まります。

緊急手術などを要するような病状の場合には、他の医師の意見を聞いている時間はありませんが、これから入院して治療を開始する場合や、じわじわ進行するタイプの病気の場合には、考える時間もあるので、セカンド・オピニオンは有効です。

病院によっては、サイトなどに「病院内で担当医以外の医師を紹介することもできますし、別の施設の医師に対しての紹介状や資料などを準備いたします」と明記されているところもあり、セカンド・オピニオンは決して特別なことではなくなっています。

「**セカンド・オピニオン外来**」も増えています。検査や診療は行なわず、意見を聞くだけのため、自由診療扱いで全額自己負担となります。料金は「30分１万円、追加30分ごとに5,000円」「30分２万円（税別）」などと病院で決まっています。必要書類は病院によって異なりますが、主治医による「診療情報提供書」や、ＣＴやＭＲＩ、レントゲンなどの画像診断のフィルムなどを求められることが一般的です。保険証を提示して一般外来での保険診療を希望する場

◎同じ時期に複数の医療機関にかかった理由◎

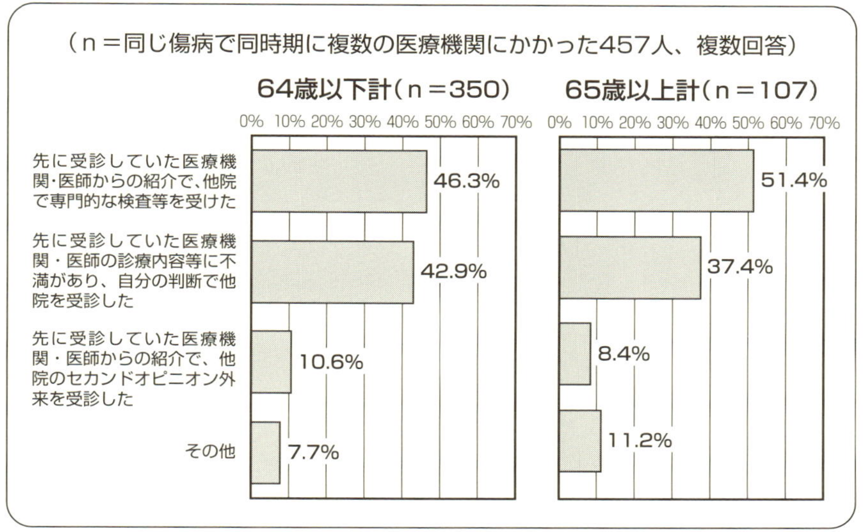

（※健康保険組合連合会「医療・医療保険制度に関する国民意識調査」（平成29年９月）より）

合は、保険診療扱いとなります。

ただし、主治医にだまって別の病院に行くのは、得策ではありません。主治医の了承を得てセカンド・オピニオンを利用するときには、診療情報提供書（紹介状）を書いてくれるのと、すでに受けた検査結果などを貸してもらえるので、検査の時間や費用などを削減することもできます。

また、セカンド・オピニオンの結果、元の主治医にお願いする場合にも、円満にお願いできます。

ここに注意！

セカンド・オピニオンは、加入している生命保険の付帯サービスとして付いている場合もあります。病気ごとにセカンド・オピニオンに適した病院を紹介し、予約を取ってくれるところもあるので、入っている保険があれば確認しましょう。

1-6 医療ソーシャルワーカーや退院支援看護師に相談を

医療ソーシャルワーカーとは

親が入院・手術をするときには、病状やその後の経過が気になるだけでなく、生活面や経済面での不安や問題が起きてくることもあるでしょう。あるいは、入院中の不安や困り事を聞いてもらったり、利用できる制度などをアドバイスしてくれるだけでも心強いでしょう。そんな頼れる存在が、「**医療ソーシャルワーカー**」です。

医療ソーシャルワーカーの多くは社会福祉の国家資格である「社会福祉士」の資格を持ち、患者が自立した生活を送ることができるようアドバイスや情報提供などをしてくれます。最近は、ある程度の規模の病院であれば、病院内に「患者相談室」が設けられていることが多く、そこに１名～数名の医療ソーシャルワーカーがいます。

医療ソーシャルワーカーは、入院・手術、あるいは退院に際してさまざまな相談に乗ってくれます。転院が必要ならその相談、退院後の社会復帰の支援、介護保険についてのアドバイスなどもしてくれます。患者だけでなく、家族の悩みについても、同様に広く相談に乗ってもらえます。守秘義務もあるので、相談の内容が漏れることはありません。患者や家族の悩みの解決方法をアドバイスしてくれて、利用できる制度の情報などを提示してくれます。

退院支援看護師とは

一方、最近は「**退院支援看護師**」と呼ばれる看護師がいる病院もあります。患者や家族と相談しながら、退院・転院に向けてサポートをしてくれます。これは、診療報酬などの面から、早期の退院を調整する必要があるためです。

退院後はどうするのか、回復期リハビリテーション病棟（☞24ページ）へ転院するのか、あるいは、老人保健施設（☞100ページ）や介護医療院（☞100ページ）への入所を想定していたり、在宅介

◎医療相談の例◎

入院・手術が必要と言われたけれど…
- 医療費の支払いや、今後の生活費など経済的に不安。
- 高額の医療費がかかったら払えない。
- 頼りになる家族がいなくて入院生活が不安。
- どこまで社会復帰できるのか？

退院の予定を告げられたが…
- 転院先を紹介してほしい。
- 老人保健施設への入所について知りたい。
- 世話をしてくれる家族が近くにいなくて不安。
- 要介護状態になるが、介護保険について知りたい。
- 介護保険の手続きについて知りたい。
- 在宅での往診や訪問看護などについて知りたい。

退院後も慢性の病気と付き合っていくことになるとわかったが…
- 将来の生活がどうなるか心配。
- 利用できる制度について知りたい。

退院後も障害が残るとわかったが…
- 自宅療養にあたり、車イスなどの福祉用具はどうすればいいか？
- 家で暮らすために必要な改築と費用の助成制度などを知りたい。
- 障害者のための制度について知りたい。

護で介護保険のサービスをすぐに受けたいときなどは、入院中から介護保険の申請をしておく必要があります。そうした相談も医療ソーシャルワーカーや退院支援看護師が対応してくれます。

ここに注意！

医療ソーシャルワーカーも退院支援看護師もいない病院だった場合、介護関係の相談であれば、親の住んでいる地域の地域包括支援センター（☞58ページ）に相談するのも手です。

1-7 回復期リハビリテーション病棟の利用

回復期リハビリテーション病棟とは

回復期リハビリテーション病棟とは、脳血管疾患や骨折、神経・筋・靱帯損傷、股関節・膝関節の置換術後等の患者に対して、ＡＤＬ（日常生活動作）の向上による**寝たきりの防止や家庭復帰を目的としたリハビリ**を行なう病棟のことを指します。医師や理学療法士、作業療法士、言語聴覚士、管理栄養士等のリハビリの専門家による集中的なリハビリを提供します。

厚生労働省「中央社会保険医療協議会」の資料（平成29年10月）によると、回復期リハビリテーション病棟の届出病床数は約８万床で、直近10年でおよそ2.2倍に増加し、現在は、全病院の約５％を占めます。回復期リハビリテーション病棟に入院する患者の約７割が75歳以上で、脳梗塞や骨折・外傷（脊髄損傷以外）の患者が多くなっています。

入院対象者は専門医の判断が必要

回復期リハビリテーション病棟へ入院する対象者は、厚生労働省が条件や入院期間を定めていて、専門医による判断が必要です。たとえば、脳血管疾患や脊髄損傷などは発症から２か月以内の転院が必要で、最大入院期間は180日。大腿骨や骨盤などの損傷であれば、転院は発症から１か月以内で最大90日の入院期間が定められています。疾患や状態により異なります。

回復期リハビリを受けるには、治療・手術を受けた急性期病院から「診療情報提供書」を送ってもらい、所定の期日内に転院しなければなりません。急性期病院での入院は症状が安定するまでですが、回復期リハビリでは入院期間は疾病により最大180日と**長期入院が可能**です。

なお、回復期リハビリテーション病棟の入院患者の平均在院日数

◎回復期リハビリテーション病棟の対象患者◎

対象疾患	発症からの入院	入院期間
脳血管疾患、脊髄損傷、頭部外傷、くも膜下出血のシャント術後、脳腫瘍、脳炎、急性脳症、脊髄炎、多発性神経炎、多発性硬化症、腕神経叢損傷等の発症後もしくは手術後、義肢装着訓練を要する状態	2か月以内	150日
高次脳機能障害を伴った重症脳血管障害、重度の頚髄損傷および頭部外傷を含む多部位外傷	2か月以内	180日
多肢の骨折、大腿骨、骨盤、脊椎、股関節・膝関節の骨折	2か月以内	90日
外科手術や肺炎などの治療時の安静により廃用症候群を有しており、手術後または発症後	2か月以内	90日
大腿骨、骨盤、脊椎、股関節、膝関節の神経、筋または靭帯損傷後	1か月以内	60日
股関節または膝関節の置換術後の状態	1か月以内	90日

（厚生労働省「中央社会保険医療協議会」（平成29年10月）の資料より）

は69.4日（平成29年）で、回復期リハビリテーション病棟の入院患者の在宅復帰率は、82.2％と高くなっています（同）。

ここに注意！

急性期病院での入院は症状が安定するまでですが、回復期リハビリテーション病棟の入院期間は疾病により60〜180日と長期入院が可能です。

知っ得コラム

ＡＥＤ（自動体外式除細動器）を知ろう！

駅や公共施設などに、オレンジ色のケースに入ったＡＥＤを見たことはないでしょうか。

ＡＥＤは、心電図自動解析装置が内蔵された医療機器で、心電図を解析した後、必要と判断されると除細動（＝電気ショック）を行なう機器です。心停止状態に陥ったときに、近くにＡＥＤがあれば、心臓マッサージ（☞17ページ）を中断して行なってみるのも手。機器の電源を入れれば音声が使い方を順に指示してくれるので、講習などを受けていなくても誰でも利用できます。

まず、衣類を脱いだ状態の胸の上に、右前胸部（右鎖骨の下で胸骨の右側）と、左脇腹（脇から５～８cm下）の位置に電極パッドを貼ります。その際、胸に貼り薬がある場合ははがし、濡れていたら拭き、またネックレスなどは外します。ペースメーカーが埋め込まれている場合は３cmほど離して貼ります。

あとは、ＡＥＤの音声による指示に従います。パッドから自動的に心臓の状態を判断し、心室細動という不整脈（心臓が細かくふるえ、血液を全身に送れない状態）を起こしていて電気ショックが必要と判断されたときは、周囲の人が離れたのを確認して、電気ショックのボタンを押します。意識が戻らない場合は、心臓マッサージを続け、再度電気ショックを行ないます。意識が戻ったときは、パッドをつけたままでいいので、体を横にして救急車を待ちましょう。

2章

これだけは知っておきたい 医療保険制度

この章のキーワード

2-1 医療費の自己負担額は？

国民はみな公的健康保険に加入しなければならない

日本では、「**国民皆保険制度**」といって、公的健康保険に入ることが法的に義務づけられています。それは高齢者でも同じです。

こうした公的健康保険の制度に加入しているおかげで、**かかった医療費の１～３割の自己負担**で医療を受けることができるしくみになっているのです。

75歳になると後期高齢者医療制度

高齢者が加入する医療保険制度は、以前は75歳以降は老人保健制度の対象となって、より少ない自己負担で医療を受けることができましたが、2008年４月に制度が大幅に変更され、新たに「**後期高齢者医療制度**」が創設されました。この制度により、患者の自己負担以外は現役世代の支援金と公費で支えるしくみになっています。

かつて老人保健は70歳から加入でき、しかも自己負担が無料だった時期もあります。それがいまでは、基本は１割の負担で、現役並みに収入がある場合は３割負担となっています。

保険料負担はどんどん上がる傾向に

また、少子超高齢化が進むことで、保険料負担も医療を受ける際の負担も、現役世代・高齢者世代とも上がることが予想されています。

団塊世代が75歳以上になる2025年には、現状の制度のままでは、医療費が54兆円に増えると推測されているからです。

しかも、高齢化のピークは2040年。受益者負担が増える傾向は、今後も変わらないことを頭に入れておく必要があるでしょう。

◎医療費の自己負担割合◎

区　分		負担割合
0歳～小学校入学前		2割
小学生～69歳		3割
70～74歳	住民税非課税者	2割
	一般所得者	
	現役並み所得者（＊）	3割
70～74歳（昭和19年以前生まれの人）	住民税非課税者	1割
	一般所得者	
	現役並み所得者（＊）	3割
75歳以上（一定の障害のある65～74歳の人を含む）	住民税非課税者	1割
	一般所得者	
	現役並み所得者（＊）	3割

（＊）１人暮らしで年収383万円以上、２人世帯で年収520万円以上が目安。

【注意点】

世帯に１人でも住民税課税所得が145万円以上の人がいると、「現役並み所得者」として３割負担に。しかし、親が１人で年収383万円未満、２人で年収520万円未満であれば、申請することで「一般所得者」に変更してもらうことができます。

あらかじめやっておこう！

親が倒れたときなどには必ず健康保険証が必要になるため、親の家に行ったときなどに、あらかじめ健康保険証の置き場所を聞いて確認しておくと安心です。

2-2 自己負担額には上限額がある

高額療養費制度を頭に入れておこう

公的健康保険では、１か月間にかかった医療費の合計額に上限額が設定されています。そのため、それ以上の医療費がかかっても、支払わずに済むか、いったん支払っても請求して払い戻すことができます。これが「**高額療養費制度**」です。ただし、差額ベッド代や食事療養費、先進医療の技術料などは対象になりません。この上限額は、年代や所得で違ってくるほか、毎年見直されます。

70歳以上は、通院は個人ごとで、入院と通院の場合は世帯単位で上限額が設定されています。通院だけの場合は個人単位で上限額が適用され、入院と通院がある場合は世帯の上限額として見ます。しかも、直近１年間に３回以上、高額療養費の対象となった場合は、４回目から上限額が下がります。

なお、同じ医療保険制度に加入している次のような家族の自己負担額は合算できます。

- ●70歳未満の家族で、自己負担が２万1,000円以上の分
- ●70歳未満と70～74歳の家族で、70歳未満の２万1,000円以上と、70歳以上の自己負担額
- ●75歳以上の家族内ではすべて合算

ちなみに、子どもの被扶養者になっていたりして、70～74歳の人が70歳未満の人と同じ医療保険制度に加入している場合、70歳以上の高額療養費が払い戻された後の自己負担額を、70歳未満の人の自己負担額と合算できます。

ここがポイント！

高額療養費制度の自己負担上限額は、じわじわと上がり続けているので、時々チェックするようにしましょう。

◎70歳以上の自己負担限度額◎

区分（標準報酬月額）		通院（個人ごと）	入院と通院（世帯）
現役並み	月収83万円〜	25万2,600円＋（医療費－84万2,000円）×１％ ＜14万100円＞	
	月収53万円〜	16万7,400円＋（医療費－55万8,000円）×１％ ＜９万3,000円＞	
	月収28万円〜	８万100円＋（医療費－26万7,000円）×１％ ＜４万4,400円＞	
一般（＊）	月収28万円未満	１万8,000円 （年上限14万4,000円）	５万7,600円 ＜４万4,400円＞
住民税非課税等	住民税非課税	8,000円	２万4,600円
	年金収入が１人暮らしで約80万円、２人世帯で約160万円以下等		１万5,000円

（＊）1人暮らしで年収383万円未満、2人世帯で年収520万円未満
＜＞は過去12か月に３回以上、高額療養費の支給を受けた場合の４回目以降の限度額。
2019年８月現在

◎70歳未満の自己負担限度額◎

区分（標準報酬月額）	入院と通院（世帯）
月収83万円〜	25万2,600円＋（医療費－84万2,000円）×１％ ＜14万100円＞
月収53万円〜	16万7,400円＋（医療費－55万8,000円）×１％ ＜９万3,000円＞
月収28万円〜	８万100円＋（医療費－26万7,000円）×１％ ＜４万4,400円＞
月収28万円未満	５万7,600円　＜４万4,400円＞
住民税非課税	３万5,400円　＜２万4,600円＞

＜＞は過去12か月に３回以上、高額療養費の支給を受けた場合の４回目以降の限度額。
2019年８月現在

2-3 医療費が上限額を超えたら？

現物給付と現金給付の２つの方法がある

医療費が高額になると、**高額療養費制度**が適用されて実際の自己負担額が抑えられるのは前項で説明したとおりですが、この払い戻しの方法には、①現物給付と②現金給付の２つがあります。

①現物給付

入院で自己負担額が高額になっても、病院窓口での支払いが自己負担限度額までで済むのが、「現物給付」です。

70歳以上の人は原則、手続きの必要はありません。ただし、非課税世帯と課税所得145万円以上690万円未満の人は、加入している公的医療保険に申請することで「限度額適用認定証」を受け取り、病院の窓口に提示する必要があります。

70歳未満の人で、前ページ表の限度額を超えることが確実な場合は、入院などの際に、公的医療保険に申請して「限度額適用認定証」（住民税非課税などによる低所得者の場合は「限度額適用・標準負担額減額認定証」）を受け取っておく必要があります。それを病院の窓口に提示することで、上限額までの負担で済みます。

②現金給付

医療費が上限額を超えたとき、いったん病院の窓口で２割、３割などの自己負担割合分を支払い、あとから公的医療保険に上限額を超えた分を請求し、差額分の現金の払い戻しを受けることを「現金給付」といいます。

請求する際には、「**高額療養費支給申請書**」を提出する必要があります。手続きをして実際に払い戻されるのは、３～４か月後です。

加入している公的医療保険によっては、「支給対象となります」と支給申請の書類を送ってきたり、なかには自動的に高額療養費を口座に振り込んでくれるところもあります。

◎医療費を支払うしくみ◎

窓口での負担額		
自己負担限度額	高額療養費（払い戻し）	療養の給付（療養費）
医療費総額		

◎「高額療養費支給申請書」の例（長野市・国民健康保険の場合）◎

国民健康保険高額療養費支給申請書

受付印欄

（宛先）　長野市長

高額療養費について次のとおり申請します。

太枠内をご記入ください。申請は診療月ごとに必要です。

年　月　診療分		申請年月日　年　月　日	
（請求者・委任者） 世帯主住所氏名 及び保険証 記号番号など	〒□□□-□□□□　長野市		
	記号番号	長 ―	氏名　㊞
	個人番号（マイナンバー）		電話（　）　―
第三者による交通事故等の医療費を含む場合は、右の欄に○をしてください。			

ゆうちょ銀行の場合は店番を記入して下さい（例：一一八など）。

振込先 金融機関	銀行・農協・信用金庫・信用組合　支店・支所		
	口座番号	フリガナ	
		口座名義人	

世帯主名義の口座以外に振込依頼をする人は次に記入して下さい。

委任状	私（世帯主）は、申請により支給される高額療養費の受領を次の者に委任します。		委任者印（世帯主）
	〒□□□-□□□□	住所	
	受任者名（口座名義人）	氏名 電話（　）　―	

なお、異なる病院窓口で入院・通院が複数回ある月は、それぞれが限度額以内でも、世帯単位で見たときに限度額を超える場合があります。その場合も請求により、払い戻しを受けることができます。

ここがポイント！

高額療養費の請求は、入院・通院した月の翌月から２年以内であれば払い戻しを受けられます。

2-4 差額ベッド代について知っておこう

差額ベッド代とは？

親が入院する事態になる前に知っておきたいものとして、**差額ベッド代**があります。通常、６人部屋などのいわゆる「大部屋」に入る分には、保険適用なので特別な自己負担はありませんが、個室を選択したときは、「個室料」として差額ベッド代がかかります。

差額ベッド代がかかるのは全病室の20.6％で、１日当たりの平均額は6,144円。差額ベッド代がかかる部屋のうち、12.6％は１日１万800円超で、なかには３万円という部屋も。

差額ベッド代がかかる病室は、正確には「**特別療養環境室**」といいますが、個室かどうかだけでなく、一定の要件を満たしたものが該当します。その要件は次のとおりで、これら全部を満たす部屋でないと、たとえ個室でも差額ベッド代は請求できません。

①病室の病床数は４床以下、②病室の面積は１人当たり6.4㎡以上、③病床のプライバシーを確保するための設備があること、④少なくとも「個人用の私物の収納設備」「個人用の照明」「小机等および椅子」の設備があること、です。

受付窓口、待合室等の見やすい場所に「特別療養環境室」のベッド数や料金を掲示することも必要。病院からきちんと説明を受け、そのうえで希望して入った場合のみ請求されます（同意書に署名）。

個室に入っても差額ベッド代が請求されないことも⁉

2018年３月に厚生労働省から出た通知には、「差額ベッド代を求めてはならない場合」について明記されています。それは、①患者から同意書に署名をもらっていない場合や、②治療上の必要性から「特別療養環境室」に入院した場合、③病棟管理の必要性から入院させた場合です。

患者自身の自由な選択で特別療養環境室に入院した場合を除いて、

◎病院側が患者に差額ベッド代を請求できない例◎

①患者から同意書に署名をもらっていない場合（同意書に室料の記載がない等、内容が不十分な場合も含む）

②「治療上の必要性」から特別療養環境室に入院した場合

- 救急患者、術後患者等で、病状が重篤なため安静を必要とする、または常時監視を要し、適時適切な看護や介助を必要とする患者
- 免疫力が低下し、感染症に罹患するおそれのある患者
- 集中治療の実施、著しい身体的・精神的苦痛を緩和する必要のある終末期の患者

③病棟管理の必要性等から特別療養環境室に入院させた場合（実質的に患者の選択によるものではない場合）

- ＭＲＳＡ等に感染している患者で、主治医等が他の入院患者の院内感染を防止するため、実質的な患者の選択によらず入院させたとみられる場合
- 他の病室が満床であるため、特別療養環境室に入院させた場合

（＊）「治療上の必要」等に該当しなくなった場合、改めて同意書により患者の意思を確認することとなっています。

「他に空きがないから」という理由で特別療養環境室に入院しても、差額ベッド代は請求されないのです。

とはいえ、大学病院などでベッド待ちをしていて、空いたのが特別療養環境室しかない場合などは、治療のタイミングとも関わり、難しい選択になりかねません。

ここに注意！

「治療上の必要」で個室に入り差額ベッド代が請求されなかったとしても、その後「差額ベッド代が請求できない事態」が改善した段階で、個室を希望すれば差額ベッド代の対象になります。

2-5 先進医療ってどんなもの？

診察費、検査費、入院費などが軽減される

難病などに関する新しい治療法は、当初、特定の大学病院などで研究されています。「**先進医療**」は、そうした新しい治療法などのなかで一定の実績を積み上げた結果、厚生労働省から治療法として確立したものと認められたものをいいます。

同じ治療法でも、先進医療と認められるかどうかは、患者にとっては大きな差です。というのは、公的健康保険では一部に自由診療を取り入れると、診察費、検査費、投薬費、入院費などもすべて自由診療扱いとなって10割負担になるというルールがあるからです。

しかし、先進医療と認められれば、診察費、検査費、投薬費、入院費などは公的健康保険の対象になり、負担が大幅に軽くなります。保険適用の部分に関しては高額療養費の対象にもなります。

ただし、先進医療の**技術料に関しては全額自己負担**になり、高額療養費の対象にもなりません。この技術料は、医療の種類や病院によって異なります。

2018年７月現在、先進医療技術は92種類（先進医療Ａが28種類、先進医療Ｂが64種類。後述参照）で、実施医療機関は1,572機関。先進医療と認められた技術なら、どこの病院でもいいかというと違います。それぞれの技術によって、基準が定められているので、それをクリアした医療機関で受けないと、先進医療とは認められないので注意しましょう。先進医療の種類と実施している医療機関は、厚生労働省のサイトに最新情報が掲載されています。

【先進医療Ａ】

- 未承認、適応外の医薬品、医療機器の使用を伴わない医療技術
- 未承認、適応外の体外診断薬の使用を伴う医療技術等で当該検査薬等の使用による人体への影響がきわめて小さいもの

◎先進医療を利用した場合の医療費の負担◎

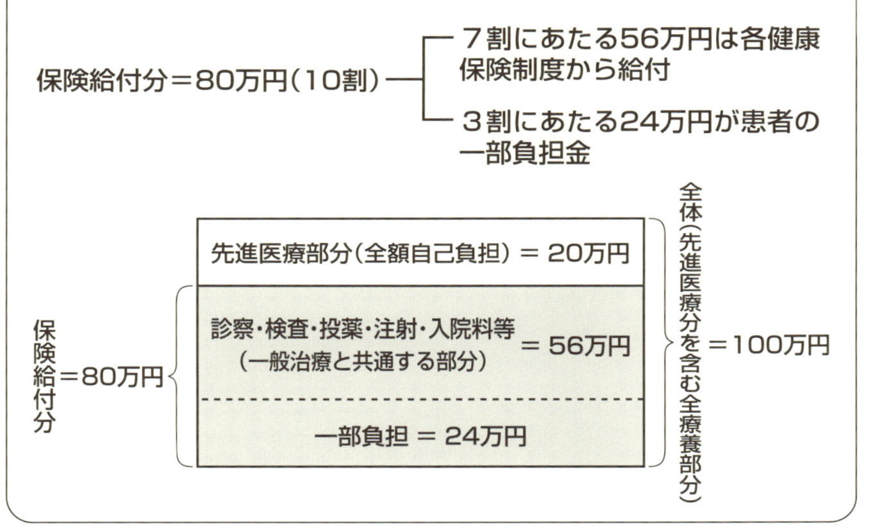

（厚生労働省のサイトより）

【先進医療Ｂ】

●未承認、適応外の医薬品、医療機器の使用を伴う医療技術

●未承認、適応外の医薬品、医療機器の使用を伴わない医療技術で、安全性・有効性等について、実施環境、技術の効果等について特に重点的な観察・評価を要するものと判断されるもの

ここに注意！

先進医療の技術や受けられる病院などは随時見直されます。保険適用になったものや、先進医療から外されたものもあります。

2-6 患者申出療養制度とは？

混合診療が許される療養の１つ

「**患者申出療養制度**」は2016年４月に導入されたもので、厚生労働省のサイトでは、「困難な病気と闘う患者の思いに応えるため、先進的な医療について、患者の申出を起点とし、安全性・有効性等を確認しつつ、身近な医療機関で迅速に受けられるようにするもの」と説明されています。

日本では、公的健康保険が適用される治療法であれば、３割等の自己負担で治療を受けることができますが、保険適用外だと10割負担になります。保険適用診療と保険適用外診療を併用する「混合診療」は、原則禁止されています。

例外的に、将来的に保険適用になることをめざす先進的な医療等については、「保険外併用療養費」として保険診療との併用が認められています。同様に「患者申出療養」が加わったというわけです。

未承認薬などのなかには100万円を超えるようなものもあり、治療法や投薬によっては、高額の医療費の負担になります。「患者申出療養」を申請して認められた場合は、その治療や投薬自体は10割負担でも、入院費や他の保険適用部分は３割で受けられて負担が軽減されます。諦めていた治療を受けられる人もいることでしょう。

先進医療に近い印象ですが、先進医療は医療機関が起点となって先進的な医療を実施するものであるのに対し、患者申出療養は患者の申出が起点となって、未承認薬等の使用について安全性が確認されたうえで、“身近な”医療機関で実施できるしくみです。

申請するには？

まずは担当医などに、希望する治療法についてよく相談することです。相談を受けた医師が大学病院等と連携して対応する流れになっています。治験や先進医療の対象であれば、それらを利用し、い

◎患者申出療養を利用するとどうなる？◎

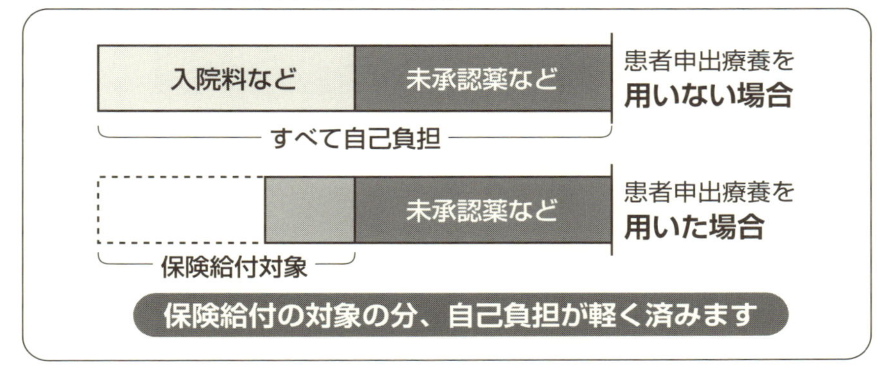

◎患者申出療養の治療実施までの流れ◎

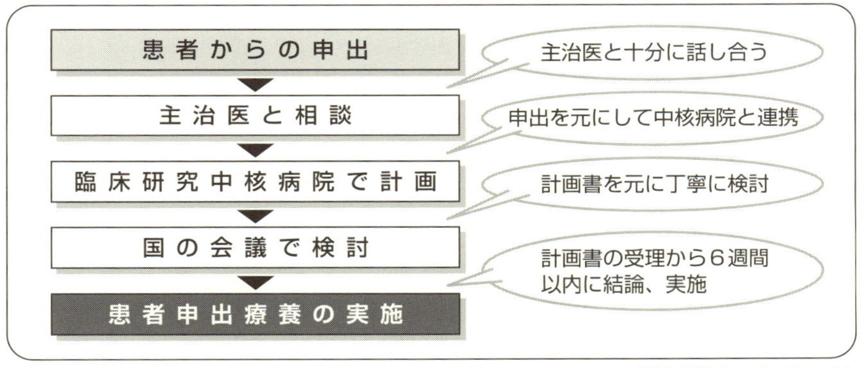

（厚生労働省のサイトより）

ずれにも該当しなかった場合に申請を行なうことになります。

新しい医療の場合は、申請から原則６週間で審査が終わり、対象になるかどうかの判断が出ます。一方、すでに患者申出療養として実績がある治療法や薬品などの場合は、患者の近くの医療機関で実施できるかどうか、原則２週間以内に結論が出ます。

知ットク！

難病と闘う患者が、国内で保険適用外の先進的な治療法や投薬を受けたいと考えたときの選択肢です。

2-7 難病は医療費が軽減される

指定難病かどうかを確認

難病とは、「原因不明、治療方針未確定であり、かつ、後遺症を残すおそれが少なくない疾病、また、経過が慢性にわたり、単に経済的な問題のみならず、介護等に等しく人手を要するために家族の負担が重く、また精神的にも負担の大きい疾病」（難病情報センターのホームページ）です。

2014年に、「難病の患者に対する医療等に関する法律」（難病法）が成立し、以前は「特定疾患」と呼ばれていたものが、**「指定難病」**と変わりました。「指定難病」は、パーキンソン病や重症筋無力症をはじめ、2019年７月現在で333あり、原則として「指定難病」と診断され、「重症度分類等」に照らして病状の程度が一定程度以上の場合は、**医療費助成の対象**となります。

医療費が軽減される

まずは、「難病指定医」に受診して診断書を発行してもらう必要があります。そのうえで、申請書を住んでいる都道府県または指定都市の窓口に提出することで、「医療受給者証」を交付してもらうことができます。「医療受給者証」が交付されると、指定難病に関する患者の自己負担は２割となり、また、所得に応じて上限額が設定されることで医療費は大幅に軽減されます。

◎指定難病の例◎

- パーキンソン病
- 重症筋無力症
- もやもや病
- プリオン病
- 悪性関節リウマチ
- ベーチェット病
- 再生不良性貧血
- クローン病
- 潰瘍性大腸炎
- 筋ジストロフィー
- 骨形成不全症
- ミオクロニー欠神てんかん

◎難病医療費申請の流れ◎

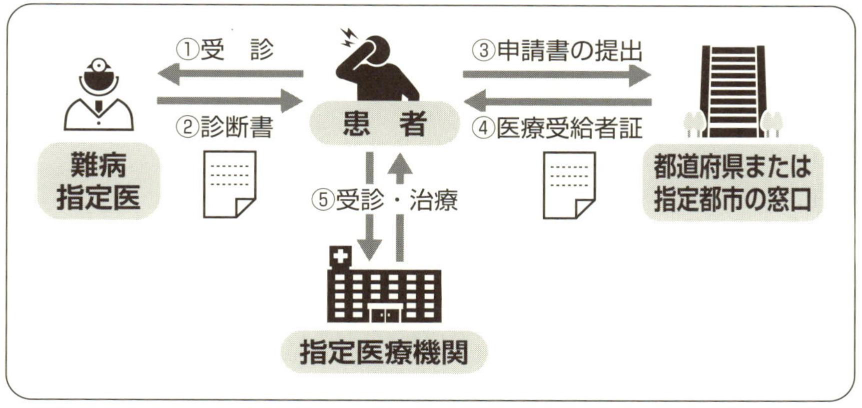

（厚生労働省のリーフレットより）

◎指定難病の自己負担上限額（月額）◎

（単位：円）

区　分	夫婦２人世帯の年収の目安		自己負担上限額（外来＋入院）（患者負担割合：２割）		
			一般	高額かつ長期（※）	人工呼吸機等装着者
生活保護	—		0	0	0
低所得Ⅰ	市町村民税非課税	本人年収～80万円	2,500	2,500	
低所得Ⅱ		本人年収80万円超～	5,000	5,000	
一般所得Ⅰ	約160万～約370万円		10,000	5,000	1,000
一般所得Ⅱ	約370万～約810万円		20,000	10,000	
上位所得	約810万円～		30,000	20,000	

（※）「高額かつ長期」とは、医療費の自己負担が１万円を超える月が年間６回以上ある者。

ここに注意！

まずは、難病指定医の診断を受けることが第一歩になります。自治体ごとの指定医のリストは「難病情報センター」のサイト（http://www.nanbyou.or.jp/entry/5309）にあります。

2-8 民間の医療保険はこう請求する

まずは請求書類を送ってもらう

親が入院や手術をして、しかも請求できる**生命保険**や**医療保険**などに加入していた場合は、忘れずに手続きをしましょう。

まずは、加入している保険の**保険証券**や契約時に受け取った**契約のしおり**、**約款**などをチェックして、請求できるものを洗い出します。該当するかどうかわからない場合は、保険会社の担当者か、ネット保険などで担当者がいない場合は、コールセンターに電話をして確認しましょう。代理店経由で加入した場合は、代理店に聞くのも１つの手です。

請求できる場合は、保険会社に連絡して必要な書類を送ってもらうか、または、最近はインターネット上で書類をダウンロードすることもできます。このときに確認などのために聞かれる内容が、次ページ図に示した点です。

あらかじめ整理してから電話をすると、連絡もスムーズです。請求が受けられる事由であれば、請求書類が届きます。早く手続きを進めたい場合は、請求書類をダウンロードして記入するといいでしょう。メットライフ生命はアプリでの請求もできます。

不備なく書類を提出

所定の請求書類に必要事項を記入して、その他の書類を揃えて保険会社に提出します。書類に不備などがなく、事実確認が行なわれなければ、本社に書類が到着して５営業日以内（保険会社で異なる）に保険金・給付金が指定の口座に振り込まれます。

請求書類や診断書等の必要書類は、家族が代行して取り寄せることもできますが、請求書類は本人が書く必要があります。意識がないなどのときは**指定代理請求**という方法もあります（☞44ページ）。

なお、入院が長期化しそうな場合は、途中で手術給付金と入院給

◎保険金請求の流れ（病気で入院・手術をしたケース）◎

保険証券・約款などで給付対象か確認

●よくわからない場合は保険会社や代理店に確認しましょう。

保険会社に連絡し請求書類の送付を依頼

●ネットやアプリで請求できる保険会社もあります。

<保険会社への連絡で聞かれる点>

・証券番号　・入院・手術等をした被保険者の名前

・入院などの原因（事故・病気）

・請求内容（入院・手術［名称］・通院等）

・入院日と退院日　など

請求書類が届く

必要事項を記入し必要書類を揃えて保険会社に提出

<必要書類>　・給付金等請求書

・入院・手術等診断書（事故の場合は災害状況説明書）

保険会社から保険金・給付金が支払われる

●書類に不備や内容に不明な点がなければ、本社に書類が到着した翌日から５営業日以内（保険会社で異なる）に保険金・給付金が指定口座に振り込まれます。

付金を請求し、残りは改めて請求することも可能です（診断書費用は余分にかかります）。保険金・給付金等の**請求の時効は３年間**ですので忘れないようにしましょう。

ここがポイント！

保険会社所定の診断書に病院で記入してもらう必要があるため、書類は退院前に届くよう手続きを進めておきましょう。

2-9 親が保険に入っているなら第二連絡先や指定代理請求人に

親はどんな保険に入っているのだろう？

親が老いてきたなと思ったら、もしものときのために、**入っている保険の内容**について聞いておきましょう。せっかく長年入っていたのに、いざというときに活用できないのは問題です。親の立場でも、財産の話はしづらくても、保険のことなら話しやすいのではないでしょうか。

また、保険会社の多くが**第二連絡先を登録**することになっているはずなので、もし登録されていない場合には登録しておきましょう。配偶者か三親等以内の親族、または契約関係者（指定代理請求人、被保険者、給付金・保険金の受取人）のうち１人を登録できます。

もう１つやっておきたいことが、**指定代理請求人の指定**です。

入院給付金や手術給付金、がん診断一時金をはじめ、保険金・給付金は被保険者本人が受取人となっていて、本人が手続きをすることになっています。しかし、たとえば、認知症を発症したり、脳梗塞などで麻痺が残って自署ができない場合などは、請求はままなりません。こうした事態に備える手段が「**指定代理請求制度**」で、被保険者に代わって、あらかじめ定めておいた指定代理請求人が請求できるというものです。

指定代理請求人になれるのは、配偶者や直系血族（父母、祖父母、子、孫など）、被保険者と同居または生計を一にしている三親等以内の親族です。実際には、指定代理請求制度は無料の特約という形になっていて、商品によってはあとからつけることもできます。そのうえで指定代理請求人を指定しますが、なかには、保険金受取人と併せて契約時に指定代理請求人を指定する保険会社もあります。

指定代理請求人が指定されていなかったり、あるいは加入している商品に制度がない場合は、代理請求はできません。なお、被保険

◎親が老いてきたらやっておくこと◎

☑ **親の加入している保険について家族で共有しておく**

☑ **保険会社の第二連絡先を登録**

＜登録できるのは？＞　日本に住む配偶者もしくは三親等以内の親族、または契約関係者（指定代理請求人、被保険者、給付金・保険金の受取人）から１名。

☑ **指定代理請求人を登録**

＜代理請求が可能なのは？＞　入院給付金や手術給付金、高度障害保険金、特定疾病保険金、リビング・ニーズ特約保険金、介護保険金・介護年金など。被保険者＝受取人の満期保険金や年金、契約者＝被保険者の「保険料払込免除」などを代理請求できる会社もある。

＜対象は？＞　次のような特別な事情がある場合、代理請求できる。

- 被保険者が病気やケガで心神喪失や寝たきりなどの状態となり意思表示ができないとき
- 被保険者が病名の告知を受けていないなどで、請求できないとき

＜誰がなれる？＞　本人の代わりに請求できる指定代理請求人は１名とされ、次の範囲内で指定できる。

- 被保険者の戸籍上の配偶者
- 被保険者の直系血族（父母、祖父母、子、孫など）
- 被保険者と同居または生計を一にしている三親等内の親族

者の同意があれば、指定代理請求人の変更もできます。

指定代理請求できる保険金・給付金の種類は、保険会社によって異なるので、親が入っている保険を確認してみましょう。

あらかじめやっておこう！

健康なうちに、親の民間保険の加入状況を確認しましょう（☞146ページ参照）。医療保障やガン保障、そのほか、指定代理人が設定されていない場合は、設定しておくようにしましょう。

2-10 50代からの医療保険選び

貯蓄があれば保険は不要

親世代、あるいは自分たちの老後のために、新たに医療保険に入ろうと考える人もいるでしょう。はじめに頭を整理してほしいのは、**貯蓄があれば保険は不要**だということです。医療保障用の自家保険を取り分けておけば、何が何でも保険に頼る必要はありません。

しかし、どうしても「お守り」として医療保障がほしい、という人もいます。50代以降の医療保険選びでネックとなるのは健康面です。医療保険は、病歴や持病があると入れません。しかし、すでに何かしら持病を持っている人もいるでしょう。

健康に不安がある人のための保険として「**引受基準緩和型保険**」も広がってきました。このタイプは、加入時に一般の医療保険よりも告知項目が少なく、限定されています。その項目にひっかからなければ申し込むことができます。もともとあった持病や、治療歴のある病気であっても、入院・手術給付金は支払われます。ただし、加入前に医師から勧められている手術などは保障されません。

一方、健康状態にやや不安がある人でも、病歴や持病の内容などによっては、一般の医療保険に入れる可能性もあります。問題なく加入できる場合だけでなく、「**部位不担保**」といって、特定の病気のみ保障からはずせば契約できる場合もあります。そのため、まず一般の保険に申し込み、それで厳しいときは、「引受基準緩和型保険」を検討するといいでしょう。

商品を絞り込むポイント

医療保険も多様化しています。そのなかで商品を絞り込むポイントは次の点です。

【終身型で】生涯の医療保障を考えるでしょうから、やはり終身型がいいでしょう。

◎50代からの医療保険（商品例）◎

種　類	商品名	保険会社
医療保険	&LIFE　新医療保険Aプレミア	三井住友海上あいおい生命
	Flexi S	メットライフ生命
	新CURE	オリックス生命
引受け基準緩和型	Flexi GOLD S	メットライフ生命
	新CURE Support	オリックス生命

【1入院の上限日数】 同じ原因による半年以内の再入院は1入院とカウントされます。入院は短期化されているものの、最低でも60日タイプであれば安心です。特定の病気は入院無制限という商品もあります。

【手術給付】 手術を伴う病気・ケガほど入院も長めになるので、手術給付金がきちんとあることを確認しましょう。対象となる手術も、公的医療保険に連動しているタイプがいいでしょう。

【女性疾病よりも三大疾病】 50代以降は、女性疾病特約を付けるよりも、三大疾病特約やがん特約を検討しましょう。50代から80代の死因は三大疾病の割合が高くなっていて、60代では7割を占めます。

【先進医療】 先進医療特約を付けておきましょう。もし、医療保険とがん保険に入っているときは、医療保険に付けるほうがより保障の範囲が広くなります。

【できれば有期払い】 終身払いは、高齢になって負担になったときに続けられなくなってしまう可能性もあります。保険料は高くなりますが、可能なら有期払いに。

ここに注意！

親が新規に医療保険に入りたいといったとき、貯蓄で賄う方法もあると説明しましょう。高齢になってからの加入は保険料が高額になります。

2-11 高齢になったら親に「自家保険」を用意してもらう

自家保険のために生活予備費の確保を

一般の家計において、家計管理の視点から「**生活予備費**」はとても重要です。特に、老後の医療や介護について考えるときには、なくてはならないものといっても過言ではなく、しっかり確保しておくことが大事です。生活予備費の備えがあれば、イザというときの「**自家保険**」として安心度は高まります。

生活予備費とは、家計の「非常事態」に備えるための貯蓄です。病気やケガで入院した場合や、あるいは介護が必要な状態になったときなどには、保険には入っていてもいなくても、こうした自家保険がものをいいます。発生するのが突発的であればあるほど、また、長期に及ぶ非常事態であればあるほど、このお金があるかどうかは大きな違いとなります。

では、生活予備費はいくらくらい用意しておけばいいでしょうか。

一般に生活予備費は、会社員であれば生活費の３～６か月分程度、派遣社員や自営業、自由業であれば１年分程度を目安に準備するのが理想です。その生活予備費の、高齢になってからの金額の目安は、金額でいうなら、夫婦２人世帯で500万～1,000万円程度用意しておいてはいかがでしょう？　これを、老後の生活費や、その他の大きな支出（家の建て替えやリフォーム、車の買い替え等）などとは別の予備費として取り分けておくことをお勧めします。

多めの資金を準備するのは、次のような理由があるからです。

- **高齢になると入院が長期化しやすい**
- **要介護状態になると介護費用もかかり、やはり長期戦になる**
- **貯蓄を取り崩す生活のなかで、他と分けておくことが大事**

子供の側からなかなか言えることではありませんが、何かの折に、「自家保険」を用意しておいてもらうよう話しておきましょう。

◎貯蓄3,500万円の生活予備費の考え方◎

Aさんの父母（70歳）

- 家のリフォーム２回分…400万円
- 子供の結婚・住宅取得援助…600万円（＝200万円×３人）
- 年金で不足する生活費…2,400万円（＝８万円×12×25年）

↓

- 残りを 生活予備費100万円

× ゆとりがあると思って家計も緩めに暮らしていると、いざというときの費用が不足することも…

Bさんの父母（70歳）

- 生活予備費1,000万円 ⇒まず別口座に取り分ける

↓

- 家のリフォーム２回分…300万円
- 子供の結婚・住宅取得援助…300万円（＝100万円×３人）
- 年金で不足する生活費…1,800万円（＝６万円×12×25年）

↓

- 残り…100万円

〇 目先ゆとりがあっても、まず先に生活予備費を備え、家計も引き締めて暮らすことで安心して暮らすことができる。

あらかじめやっておこう！

親世代とこうしたお金の話もしておくといいでしょう。民間の医療保険や介護保険などに入っていたとしても、併せて「自家保険」を用意しておくことも大事です。

2-12 知ってトクする！医療費の節約法

時間外や休日診療は割増。緊急以外は避ける

やむを得ない場合を除いて、診療時間内に受診しましょう。平日の18時過ぎや土曜の午後は、通常、「時間外加算」がかかり、初診で850円、再診で650円プラスされます。休日や深夜（22時～６時）になるとさらに高くなり、初診で休日2,500円、深夜で4,800円の加算です（自己負担はこれらの額の１～３割）。

ただし、一刻を争う深刻な病気もあるので、迷うときは時間外や休日でも受診するようにしましょう。なお、実際には加算対象となる時間は病院によって異なることもあります。

また、薬局にも「時間外」の割増があります。当日、時間外になってしまいそうなときは、その日に服薬しなくてよいのであれば、翌日に行くのも１つの方法です。

◎病院・診療所の時間外・休日加算額◎

病院・診療所		初診	再診
時間外加算	平日はおおむね６～８時、18～22時（土曜日は12～22時）	850円（救急病院は2,300円）	650円（救急病院は1,800円）
休日加算	日曜日・祝日・年末年始	2,500円	1,900円
深夜加算	22～６時	4,800円	4,200円

（＊）自己負担額は上記の１～３割。

大病院は紹介状なしで特別料金

病気やケガで**大病院**や**特定機能病院**（高度な医療技術を提供・開発する病院）で受診する際には、紹介状なしだと次のような特別料金が初診料に加算されます。この特別料金は全額患者負担です。

- 大病院（ベッド数200床以上）…1,000〜5,000円程度
- 特定機能病院や一部の500床以上の大病院…5,000円以上

かかりつけ医がいて、紹介状を書いてもらえるのであればこのとおりですが、そうでないケースもあります。体調が悪いなか、初診で地域の病院で診断書を書いてもらうような場合は、多少コストがかかっても受診を急ぐべきかもしれません。

医薬品は「ジェネリック」で

「**ジェネリック医薬品**」は、特許期間が過ぎた新薬と同じ有効成分を含む医薬品で、厚生労働省の認可を得て製造販売されています。新薬を利用していた人がジェネリック医薬品に切り換えることで、薬品によっては半額以下になるものもあり、費用削減につながります。医師や薬剤師に相談しましょう。

調剤薬局は大手でまとめて。お薬手帳も忘れずに

調剤報酬は２年に１回見直され、2018年４月からは薬局の立地等で調剤基本料が変わりました。町なかの薬局は410円、大型病院の前にあるチェーンの門前薬局で150〜250円です（自己負担はこの１〜３割）。複数の病院に通っていて、門前薬局と町なかの薬局を利用している場合は、門前薬局でまとめて調剤してもらえば節約になります。

また、薬局では「**薬剤服用歴管理指導料**」がかかります。原則６か月以内に同じ薬局に**お薬手帳**を持参した場合は410円となり、持っていかない場合の530円より120円安くなります（自己負担はこの１〜３割）。お薬手帳のスマホアプリを利用するのも手です。

自治体の健診も活用を

自治体によっては、独自で健康診断のサポートを行なっていて割安で受けられるところがあるので、上手に活用しましょう。

胃がん健診、肺がん健診、大腸がん健診、乳がん健診、子宮がん健診、前立腺がん健診、肝炎ウイルス検査、眼底検査、骨粗しょう症検査、後期高齢者健診など、自治体によってメニューや自己負担額も異なります。ぜひ調べてみましょう。

2-13 医療費控除とセルフメディケーション税制

親が入院・通院をして医療費がかかって医療費控除の対象になる場合は、確定申告を忘れずに行ないましょう。医療費控除は現在、次の２つから一方を選べるようになっています。

医療費控除

世帯で１年間（１月１日～12月31日）に支払った医療費が10万円（所得200万円以下の場合は所得の５％）を超えるとき、その超えた分が所得から控除され、確定申告をすることで税金の還付を受けられます（ただし、還付できる税金を納めている場合）。

生計を一つにしている家族の分は合算して医療費控除を受けることもでき、親の医療費を子の医療費控除にまとめることもできます。

医療費控除は、家族全員で１年間に支払った医療費の合計から生命保険・損害保険・共済などからの入院給付金を差し引き、さらに10万円（所得が200万円以下なら所得の５％）を引いて算出します。この控除分を加味して再計算した結果、納めすぎた所得税があれば、確定申告することで還付されます。たとえば、医療費が年間20万円かかり、入院給付金を５万円受け取った場合、「20万円－５万円－10万円＝５万円」が医療費控除額です。仮に所得税率が10％なら、「５万円×10％＝5,000円」が戻ってくる所得税額です。

なお、医療費控除の対象になる支出は「**治療のために必要なもの**」であることが条件です。また、**介護にかかる費用の一部も、控除の対象にできるものがあります**。施設が発行する領収書に、医療費控除の対象となる金額が明記されています。

セルフメディケーション税制（医療費控除の特例）

対象となる市販薬（処方箋薬から市販薬に代わった「スイッチＯＴＣ薬」）を１万2,000円以上購入すると、超えた分の控除が受けられるのが医療費控除の特例です（最高８万8,000円）。この控除を利

◎医療費として認められる？　認められない？◎

認められるもの ○	認められないもの ×
●通院にかかった電車やバス代（タクシー代は緊急時のみ）	●マイカーで通院するときのガソリン代や駐車場代
●診療、治療費・市販の風邪薬など	●入院用のパジャマや歯ブラシ代など
●治療に必要な薬代	●栄養ドリンク、サプリメントなど
●治療のための鍼やマッサージ代	●見た目をよくするための歯の矯正費
●医者が必要と認めた松葉杖や補聴器などの購入費	●病気の予防や健康維持のためのビタミン剤や健康ドリンク代
●異常が発見された場合の人間ドックの費用	●異常が発見されなかった場合の人間ドックの費用
●おむつ代（医師が発行した「おむつ使用証明書」あり）	●おむつ代（「おむつ使用証明書」なし）

用するには、定期健診や予防接種等のいずれかを受けていることが条件です。

該当する市販薬を世帯で２万円使っていた場合、１万2,000円を引いた8,000円が控除額で、所得税率が10％なら800円戻ります。

確定申告を忘れずに！

いずれの場合も**確定申告**が必要です。原則として確定申告の期間（２月16日～３月15日）に行ないますが、申告義務がない人で還付申告だけなら、申告期間前でも受け付けてもらえます。税務署が混まないうちに手続きを済ませるのも手です。

還付金は、申告後１か月くらいで指定口座に振り込まれます。戻る額は小さいかもしれませんが、翌年の住民税が下がる可能性もあるので、面倒がらずに手続きしたいものです。

ここに注意！

市販薬や歯医者の費用、通院のための交通費なども控除できるので、レシートや支出メモなどはしっかり保存しておきましょう。

知っ得コラム

1人当たりの生涯医療費は2,700万円

一生の間にかかる医療費の平均額は、厚生労働省保険局の推計では約2,700万円（平成27年度）にのぼります。その半分が70歳以降にかかっています。

といっても、これは10割負担の場合の額。実際には、高額療養費制度などで軽減されているため、個人の負担はそれほど重くなく抑えられています。つまり、その分、公的医療保険が負担してくれているということです。

しかし、生涯医療費は、年々増加し続けており、徐々に高齢者でも受益者負担が増える傾向にあります。今後も負担は増えていく前提で準備をしておく必要がありそうです。

また、寿命も延び続けていますが、寿命を延ばすだけでなく、健康上の問題で日常生活が制限されることなく生活できる「健康寿命」を延ばすことの重要度が強調されています。

2016年のデータでは、平均寿命と健康寿命の差は、男性8.84年、女性12.35年でした。できるだけ健康寿命を延ばすよう、“健康貯金”もしておきたいものですね。

◎平均寿命と健康寿命（2016年）◎

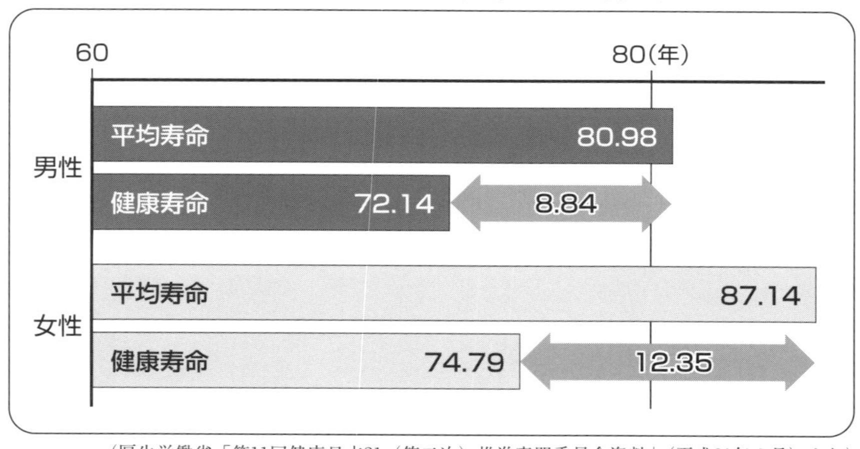

（厚生労働省「第11回健康日本21（第二次）推進専門委員会資料」（平成30年３月）より）

3章

親が要介護状態に！
さぁどうする？

この章のキーワード

3-1 介護は「ある日突然」が3割!?

80代後半は半数強が要介護状態に！

もしも親が倒れて、要介護状態になったら…。親が70代に近くなると、そんな心配もふくらんできます。夫婦であれば4人、シングルでも2人の親がいて、兄弟姉妹の数も減るなか、介護は他人ごとではありません。

要介護認定者の割合は、70代以降、急上昇します。65～69歳では2.9％ですが、75歳～79歳で8人に1人強（12.9％）、80～84歳で4人に1人強（28.1％）、85～89歳では2人に1人強（50.4％）と文字どおりうなぎ上りに上がっていきます（生命保険文化センター「介護保障ガイド」（2017年11月）より）。

70代、80代の親を持つ人にとって、いつ起きてもおかしくないリスクです。

「ある日突然、介護状態に」が3割

介護が必要になる原因は、最も多いのが「脳血管疾患」で、「認知症」「高齢による衰弱」「骨折・転倒」「関節疾患（リウマチ等）」と続きます。

特に、介護が必要になった人の6人に1人が脳血管疾患が原因です。急に倒れて入院し、退院と同時に介護生活に突入していることになります。これに「骨折・転倒」をプラスすると、3割弱がある日突然、介護生活に突入するといえます。

しかも、この脳血管疾患、50代以降急激に増える傾向があり、現役世代にとっても介護に直結する怖い病気といえます。親のことだけでなく、現役世代である自分たちの医療・介護リスクにも備える必要があります。

早め早めの行動が大事！

親が倒れた当初の緊急性が治まり、症状も落ち着いてほっと一息

◎要介護状態になった原因◎

順　位	原　　因	割　合
1位	認知症	18.0%
2位	脳血管疾患（脳卒中等）	16.6%
3位	高齢による衰弱	13.3%
4位	骨折・転倒	12.1%
5位	関節疾患（リウマチ等）	10.2%

（厚生労働省「国民生活基礎調査の概況」（平成28年）より作成）

ついたころに待っているのが「退院」。身体にマヒなどが残って、以前のような暮らしが難しい場合などは、**「退院」はイコール介護のスタート**を意味します。

入院中に親が要介護状態になるとわかった段階で、情報を集め、退院後の体制を整えなければなりません。介護保険関係のサービスを受けるには、申請を早めに行なって認定を受ける必要があります。要介護認定には１か月かかるので、ともかく早め早めに進めることが大事です。

ここがポイント！

介護のおよそ３割は、ある日突然やってきます。しっかり備えておく必要がありますね！

3-2 頼みの綱は地域包括ケアシステム！

地域包括ケアシステムとは？

2025年問題（人口の厚い団塊の世代が後期高齢者＝75歳以上に突入）で今後は、介護を必要とする高齢者が急増すると見込まれ、首都圏を中心に特別養護老人ホームや介護医療院などの介護施設が不足すると見られています。

この問題を解消するために国が推進しているのが、「**地域包括ケアシステム**」で、その拠点が**地域包括支援センター**です。対象地域に住む65歳以上の高齢者やその家族などの支援者が利用できます。

まずは地域包括支援センターへ相談を

親に介護が必要かもと思い始めたときや、退院してからの介護について相談したいときは、地域包括支援センターに相談しましょう。要介護状態になる前から、介護予防などの件でも相談に乗ってくれます。ケアマネジャーや保健師、社会福祉士など専門職の職員が対処してくれます。

介護に関する自治体独自のサービスをはじめ、地域の情報もあり、親の介護の件で相談があれば、親が住んでいる地域の地域包括支援センターを訪ねてみるといいでしょう。

今後は在宅介護中心に

地域包括ケアシステムは、「重度な要介護状態となっても住み慣れた地域で自分らしい暮らしを人生の最後まで続けることができるよう、住まい・医療・介護・予防・生活支援が一体的に提供されるしくみ」と説明されています。地域包括ケアシステムのしくみ図を見てもわかるように、自宅で暮らしつつ、訪問介護や訪問看護のサービスなども活用し、ずっと自宅で過ごすイメージを持つことになります。病院ではなく自宅で亡くなるケースも増えそうです。

資金的な準備があってケア付き有料老人ホームなどに入る人は別

◎地域包括ケアシステムの全体像◎

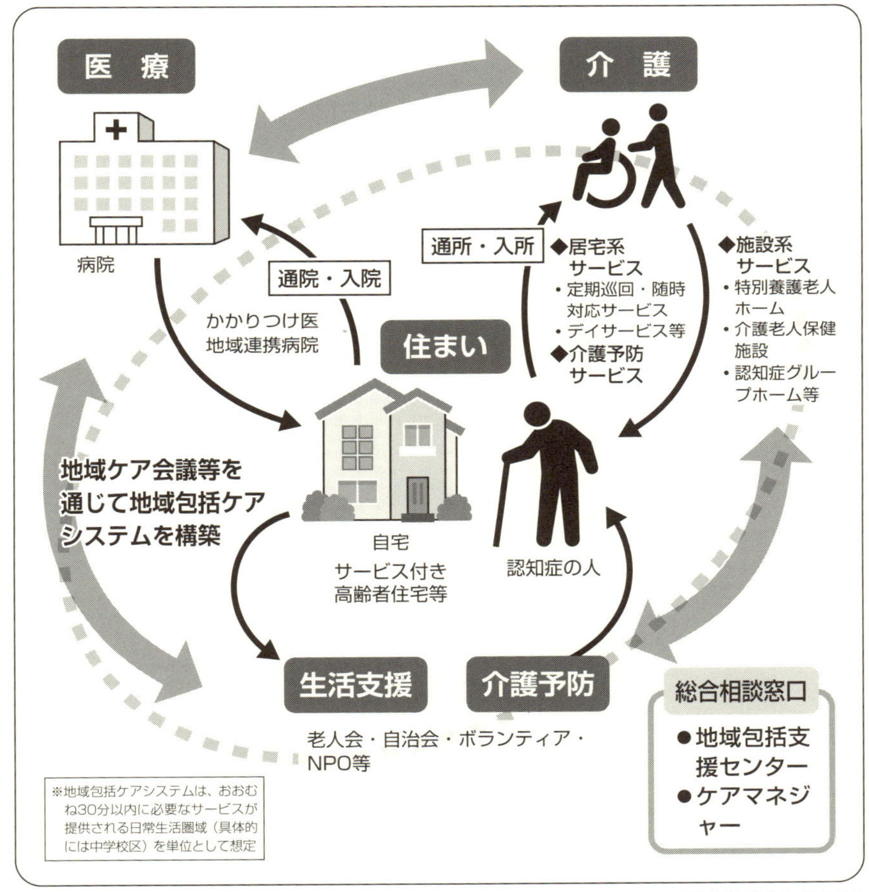

（厚生労働省資料より）

ですが、多くの人にとって、今後は在宅介護が中心にならざるを得ないようです。

ここに注意！

地域包括ケアシステムは、高齢期の重要なインフラです。親の実家近くの地域包括支援センターを確認しておきましょう。

3-3 親の介護は同居？ 遠距離介護？

どうする？ 親の介護

親が要介護で家族のサポートが必要になったとき、介護者が決まっていて同居や近居をしているならスムーズに介護体制づくりに進みますが、離れて暮らす子供にとっては大きな選択に迫られます。

- **同居して介護をするのか？ 遠距離介護か？**
- **仕事はどうする？ 子供たちはどうする？**

重すぎる問題ですが、それを突きつけられる可能性があるのです。直面する前に、親が70代になったら考えておく必要があります。

同居家族の介護が６割

データでは、主な介護者は「同居の配偶者」が25.2％で最も多くなっています。女性が７割弱ですが、男性もじわじわ増えています（34.0％）。年代では、「60代＞70代＞50代＞80歳以上」の順。75歳以上が27％と、「老々介護」が多い様子がうかがえます。

筆者の伯母は、94歳まで伯父の介護をしていました。伯母自身も要介護者で、壮絶な介護生活だったようです。

７割が自宅で介護を受けたい!?

介護を受けたい場所のトップは自宅で、7割以上が自宅介護を希望しているとも読めます。ただし、最も多い回答は「家族に依存せずに生活ができるような介護サービスがあれば」という条件付き。家族に負担をかけたくないという気持ちの現われ、または頼れる家族がいないということかもしれません。

亡くなる場所としては、「自宅」の希望が多いようです。

ここに注意！

要介護度が低い間は遠距離介護で、徐々に体制づくりをするのも１つの方法。

◎主な介護者は？◎

1位・同居の配偶者…25.2%
2位・同居の子…21.8%
3位・介護事業者…13.0%
4位・別居の家族等…12.2%
5位・同居の子の配偶者…9.7%　（その他、不詳15.2%など）

（厚生労働省「国民生活基礎調査の概況」（平成28年）より）

◎どこでどのような介護を受けたい？◎

1位・家族に依存せずに生活ができるような介護サービスがあれば自宅で介護を受けたい…37.4%
2位・自宅で家族中心に介護を受けたい…18.6%
3位・自宅で家族の介護と外部の介護を組み合わせて介護を受けたい…17.5%
4位・有料老人ホーム等…10.6%
5位・特別養護老人ホーム等…7.1%
6位・医療機関…6.7%

（厚生労働省「高齢社会に関する意識調査」（平成28年）より）

◎最期を迎えたい場所は？◎

1位・自宅…54.6%
2位・病院などの医療施設…27.7%
3位・わからない…6.9%
4位・特別養護老人ホーム等…4.5%
5位・高齢者向けケア付き住宅…4.1%
（参考：子供の家0.7%、兄弟姉妹など親族の家0.4%）

※55歳以上

（厚生労働省「高齢社会に関する意識調査」（平成28年）より）

3-4 親の介護を「プロジェクト」ととらえてチーム体制を

介護をプロジェクトととらえる

制約条件があるなかで、できるだけ親が望む介護体制を実現するためにも、家族・親族で協力体制をとることが大事です。

親と離れて暮らしている場合、実家で親と同居している、あるいは近くに住んでいるきょうだいを、ついつい頼りにして任せきりになることも少なくありません。

もし、直接的な介護ができない場合は、金銭的な援助で協力する方法もあるので、関係者全員で「プロジェクト」を組み、全員が役割を担うようにしましょう。

在宅介護をしていくうえで中心となる「**キーパーソン**」を中心に、介護チームをつくるイメージです。キーパーソンは、医師やケアマネジャーなどの窓口となったり、家族への連絡係になったりします。

連絡網を作成し、ＳＮＳ等で情報を共有

たとえば、１人暮らしの親が認知症になったとします。近居の長男がキーパーソンとなり、離れて暮らす長女・次女が月に１週間ずつ滞在するなどが考えられます。他の２週間は公的介護保険のショートステイやデイケアを活用して、親が１人になる時間を最小限にするようにします。お互いにできること・できないことを確認し合いながら、具体的に役割分担を決めておくとよいでしょう。

他にも頼れそうな親戚や、近くに住む親の友人など、何かのときに助けてくれそうな人がいれば、早めに頼んでおきましょう。力になってもらえることもあるかもしれません。

そして、主治医や看護師、リハビリ担当医、地域のケアマネジャーらと連携を図るため、連絡網をつくって関係者で共有しておきましょう。また、家族で親の病状や介護の状態、健康管理の注意点、今後の見通しなどを共有するためにも、ＳＮＳやメールなどを上手

◎連絡網をつくっておこう◎

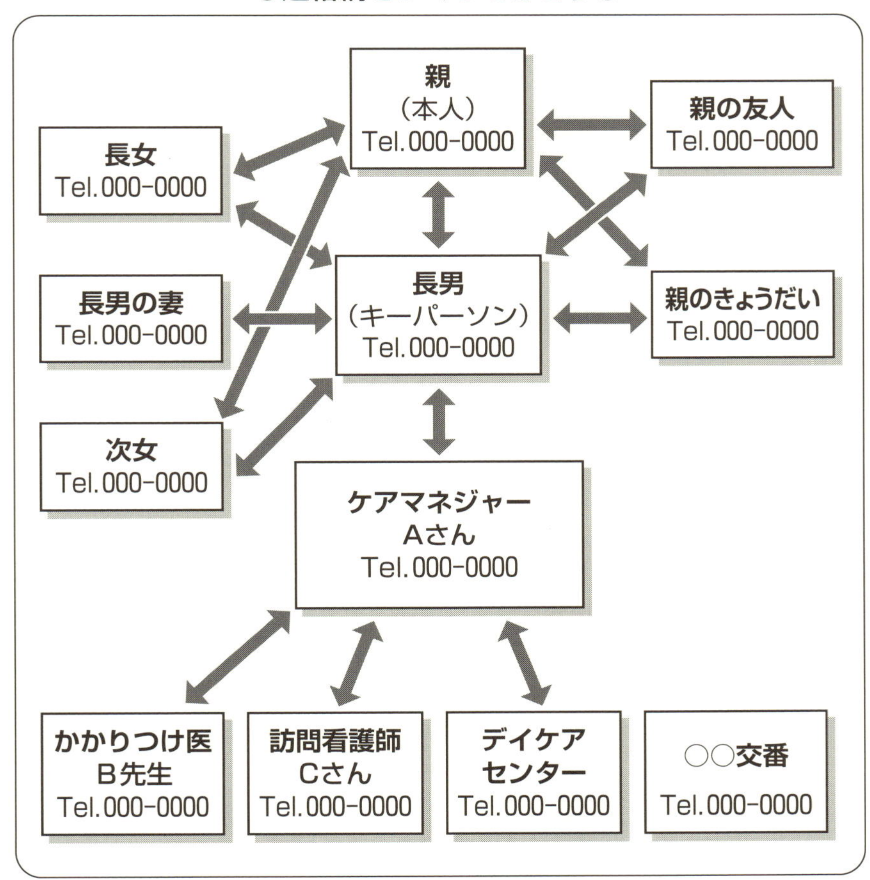

に活用するといいでしょう。

介護は何年もかかる場合も多いため、ムリのない形をつくっておくことが大事です。

ここに注意！

認知症の場合は、行方不明になったときのために、行政の窓口や近くの交番の電話番号なども控えておきましょう。

3-5 在宅介護の体制づくりのポイント

自宅で介護をする体制づくりのポイントには、次のようなものがあげられます。地域での関連サービスについては、親が元気なうちから地域包括支援センターなどで情報収集をしておくと安心です。

住まいのバリアフリー改修

高齢者の事故の９割が自宅で起きていて、しかも骨折などで寝込むと寝たきりにつながることもあり、事故の予防は重要です。

家のなかの危険な箇所をチェックして改善しましょう。バリアフリー化が必要なら工事もしましょう。**要介護認定を受けた人なら住宅改修費**（☞98ページ）**の支援も受けられます**。事前申請が必要な場合もあるので、ケアマネジャーに相談しましょう。自治体によっては独自の助成金を用意しているところもあります。

福祉器具のレンタル・購入

介護保険には「**福祉用具貸与**」（介護予防福祉用具貸与）のサービスもあり、車イスや介護用ベッドなどはレンタルも可能です。レンタルにかかる費用のうち１～３割の自己負担でサービスを利用することができます（☞98ページ）。

ただし、腰掛け便座などレンタルできないものは購入します。所定の福祉用具の購入費は補助があります（☞98ページ）。ケアマネジャーに相談をすれば、アドバイスをもらえます。

家電はシンプル操作に。ガスは電磁調理機に

炊飯器、電子レンジ、掃除機、洗濯機などの家電は、親が元気なうちに少しずつシンプルな操作のものに買い換え、父親にも使い方を覚えてもらいましょう。ガス調理機から電磁調理機に切り替えて、火の心配もなくしましょう。

緊急通報の手段も用意

自治体で用意していることの多いサービスですが、具合が悪くな

◎要介護度別にみた同居の主な介護者の介護時間の構成割合◎

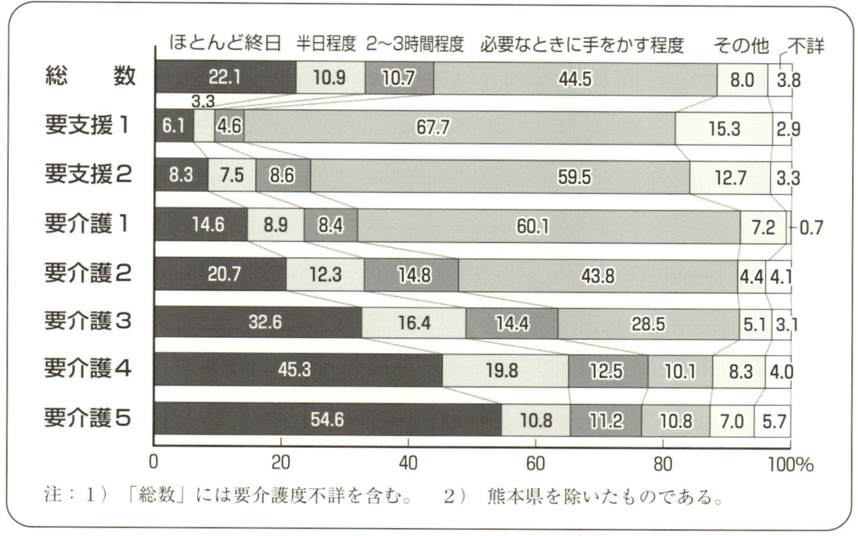

（厚生労働省「国民生活基礎調査の概況」（平成28年）より）

ったときや、転倒してケガをしたときなどに、ボタンを押して通報するシステムです。昼間、仕事で出ていて老親だけになったり、遠距離介護で親が１人暮らしの場合は、つけておくと安心です。あるいは親に携帯電話を持ってもらって、連絡できるようにする方法も。

ヘルパーや家事ボランティア

公的介護保険のサービスでヘルパーに入ってもらい、買い物や洗濯をサポートしてもらうだけでも助かります。**市町村によっては、家事援助などのボランティアがある**ので、地域包括支援センターで確認しましょう。定期的に誰かが訪ねるようになっていると、子としては安心です。

ここに注意！

介護といっても幅があります。長期にわたる可能性が高いので、しっかり体制づくりをしましょう。

3-6 介護する人、される人は対等のパートナー

人間としての尊厳を守る

介護で最も大切なことは、「人間としての尊厳を守る」ということです。いままでできていたことが次第にできなくなって、思うように体も動かなくなり、強い不安や悲哀を感じています。

介護されている側は、想像する以上に敏感で繊細なのだそう。何気ない言葉や態度に喜んだり、ひどく傷ついてしまうこともあります。話しがよく聞こえずに疎外感を抱いていることもあります。

介護者も人間なので、ストレスが募って時には声を荒げてしまうこともあるかもしれませんが、できるだけ思いやりを持って、言葉や態度に表わして相手に伝えましょう。介護される側の自尊心を傷つけない配慮が必要です。

できるだけ孤独を感じさせないように、誕生祝をする、正月を祝うなど、家族全員で楽しむことも大切です。

介護する人とされる人は対等

介護する人とされる人は、互いに対等だという意識を持ちましょう。そして、日々の介護生活にメリハリをつけ、連帯感を持てるようにします。「外出できるようになる」など、無理のない目標を立てて、介護する側とされる側がお互いに共有します。そして目標を達成したり、少しでも近づけたら、一緒に喜びましょう。

もし、お世話をしていて辛くあたられても、悲観しないことです。身近な人ほど、感謝の気持ちが表現できなかったり、安心している存在だから甘えてしまうこともあるもの。親の残された日々を少しでも充実させ、心安らかに送れるよう手助けしていきましょう。

ここに注意！

とはいえ、介護者のレスパイトケアも大切に（☞70ページ）。

◎要介護者への思いやりポイント◎

わかりやすいコミュニケーション

話すときは、同じ目の高さで、低くゆっくり話しましょう。

時間を共有してわかりあえるように

親のそばでできる家事は、できるだけ近くで会話しながらやりましょう。

存在感を自覚

部屋のカーテンを開けるとか、窓を開けるとか、何か行動するときは、ひと声かけてからにしましょう。

家族が揃う喜び

家族で食事をする、誕生祝をする、正月を祝うなども大切。

混乱を避ける

一度にたくさんのことをいうと混乱して忘れるので、１つの事柄ずつ話しましょう。

自立への訓練

着替えや食事をせかしたり、すぐ手を貸したりしない。できるだけ自分のペースでしてもらいましょう。

3-7 認知症の親との接し方

叱ったり教え諭すのは逆効果

2025年には、約700万人、65歳以上の５人に１人が認知症になると予想されています。よく言われますが、「昨日何を食べたのか思い出せない」のが物忘れで、「昨日、ご飯を食べたことを思い出せない」のが認知症です。

認知症で最も多いのが、脳全体で神経細胞が死んでいく「**アルツハイマー型**」で、医師の投薬で症状の進行を遅らせることはできても、治ることがないのが特徴です。だんだんに進行し、徘徊や幻覚、妄想などの問題行動も増えていきます。時間的・空間的な認識ができなくなり、意識が子供時代に戻ることも少なくありません。認知症が進むと、最終段階は寝たきりになります。

次に多いのが、脳出血や脳梗塞による「**血管性認知症**」で、脳梗塞や脳出血によって脳細胞に十分な血液が送られずに、脳細胞が死んでしまうことで起こります。

認知症の高齢者は、体の不快や不調といったものを伝えることができないため、徘徊や暴れ、不潔行為などの形で現わしていると言われます。できないことが増えていく過程で、自尊心が傷つき、不安になります。

認知症患者の行動に対して、叱ったり、教え諭しても逆効果で、プライドが傷ついてさらに問題行動を起こす結果になりかねません。ケアのポイントは、**規則正しい生活リズム**とされています。親のペースで暮らせる環境を整えることが大事です。間違ったことを言っても否定せず、やさしく受け入れる対応が正解だそう。

なお、認知症が進行していくと、遠距離介護は難しくなります。グループホーム（☞114ページ）などの利用も視野に入れて検討しましょう。

◎認知症の原因◎

１位・アルツハイマー型…67.6%
脳内にたまった異常なたんぱく質により神経細胞が破壊され、脳に萎縮がおこる。

２位・脳血管性認知症…19.5%
脳梗塞や脳出血によって脳細胞に十分な血液が送られずに、脳細胞が死んでしまう。高血圧や糖尿病などの生活習慣病が主な原因。

３位・レビー小体型認知症…4.3%
脳内にたまったレビー小体という特殊なたんぱく質により脳の神経細胞が破壊されて起こる。

（参照：厚生労働省「認知症とは」より）

「認知症サポーター」とは

認知症に対する正しい知識と理解を持ち、地域で認知症の人やその家族に対してできる範囲で手助けをします。認知症サポーター養成講座（無料）を受講することで認知症サポーターになることができます。認知症の見守りや傾聴、認知症カフェを企画・参加するなど、地域の特性やニーズに応じた活動をしています。

「認知症カフェ」とは

認知症の人やその家族が、地域の人や専門家と相互に情報を共有し、お互いを理解し合う場として、認知症カフェ等が開催・設置されています。地域の状況に応じた形で実施されています。

あらかじめやっておこう！

認知症サポーターになっておこう。また、親世帯も自分たちも個人賠償責任保険（特約）に入っているか確認を（☞150ページ）。

3-8 介護者もレスパイト（休息）を心がける

介護をひと休み

「レスパイト」（respite）とは、「休息」「小休止」のことで、**レスパイトケア**は、在宅介護をしている親が通所系サービスなどを利用している間、介護者が一時的に介護から解放され、休息をとれる状態をいいます。

- **定期的に親族、家族に介護を替わってもらう**
- **定期的に通所系サービスやショートステイなどを利用**

一時的に介護から離れてひと息つくことでリフレッシュし、介護疲れや共倒れ防止につながります。デイサービスで入浴なども済ませてくるので、それだけでも介護者は助かります。親の性格にもよりますが、通所サービスなどで気分転換につながることでしょう。

ストレス発散法を

せっかくつくったひと息タイムも、昼寝で終わるのではなく、映画を見る、買い物に行く、ジョギングをするなど、ストレスを発散できる「楽しみ」をつくることも大事です。

離れて暮らすきょうだいが帰省する際には、介護も家事も任せて、旅行へ行ってしまうなど、大いに羽を伸ばしましょう。

家族介護慰労金にこだわりすぎない

市区町村によっては、家族介護慰労金の制度を用意しているところもあります。要介護４以上の人を在宅介護していて、条件に合う家族に年10万円程度が支給される制度です。これをもらうことを目標に頑張る人もいるようですが、慰労金よりも自分の心の安定が大事です。こだわり過ぎなくてもいいのでは？

ここに注意！

介護生活で限界を感じたときは、地域包括支援センターに相談を。

3-9 高齢者虐待防止法も知っておこう

高齢者虐待防止法とは

高齢者虐待とは、家族・親族や高齢者に関わる介護施設従事者などが、65歳以上の高齢者の心身に深い傷を負わせ、基本的人権を侵害する行為です。殴る・蹴るなどの暴力行為だけではなく、暴言や無視をする、必要な医療・介護を受けさせない、勝手に年金を使ってしまうなどの行為も含まれます。

高齢者虐待防止法は、虐待防止だけでなく、養護者支援のための施策を推進し、高齢者の人権を守ることを目的としています。

高齢者本人に虐待をされているという自覚がなくても、虐待をしている側に悪意がなくても、該当する場合は虐待と判断されます。

虐待には通報義務も

高齢者虐待に気づいた人の市区町村への通報は、努力義務とされています。特に、生命や身体に重大な危険がある場合は、通報が義務となります。市区町村に家庭への立入調査権限を持たせ、立入調査の際に、必要と認められれば警察の援助を求めることもできます。

施設でも起こりうる

高齢者虐待は、在宅介護だけでなく、一部であるとはいえ施設介護でも起こっています。スタッフを信頼してお願いしているとはいえ、「何かおかしいな」と思ったときは、気をつけて観察してみましょう。親を守るのは家族の役割です。

◎高齢者虐待と判断された件数は？ ◎

養介護施設従事者等によるもの		養介護者によるもの	
虐待判断件数	相談・通報件数	虐待判断件数	相談・通報件数
300件	1,120件	15,739件	25,791件

（厚生労働省「平成26年度　高齢者虐待対応状況調査結果概要」より）

3-10 介護離職は慎重に検討を

介護で仕事を辞める人が10万人!?

遠距離介護で疲れがたまってくると、仕事を辞めることを考える人もいます。そうでなくても、親がどうしても施設を嫌がり、でも１人暮らしが限界になってくると、「第三の選択」の遠距離介護も限界を迎えます。

総務省「就業構造基本調査」(2017年）によると、親や配偶者等の介護や看護のために仕事を辞める人は、１年間で約9.9万人もいます。８割近くが女性ですが、男性の割合も増えつつあります。介護離職後に再就職をした人は４人に１人程度。筆者の知人で、仕事を辞め、しかも家族と離れて「単身赴任介護」をした人もいます。

介護で仕事を辞めたら…

厚生労働省「仕事と介護の両立に関する実態把握のための調査」(平成24年）によると、介護離職をした人は、さまざまな変化に直面します。「肉体面の負担が増した」という回答も56.6%と高いものの、それ以上に「経済面の負担が増した」(74.9%)、「精神面の負担が増した」(64.9%）の回答がかなり高くなっています。

40代、50代で離職をする機会費用を考えると、その後の収入や退職金まで合わせると、人によっては１億円近いマイナスになることもあるでしょう。都心から地方に移って、以前と同程度の収入の仕事に就くのは難しいはず。子供の教育費もかかるなか、仕事を辞める、転職をするという選択は、本人や家族にとって人生設計が覆る大問題です。

ここに注意！

育児同様、自分にとってより後悔が少ない選択を。

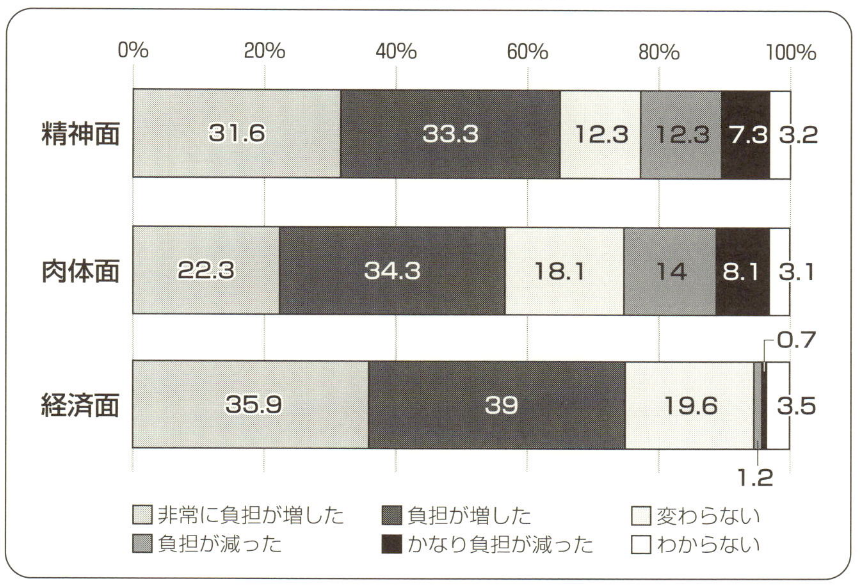

（厚生労働省「仕事と介護の両立に関する実態把握のための調査」（平成24年）より）

ミニコラム 父親に家事力を！

介護の基本の考え方は「自立」です。老親を大事に思うあまり、できることまでお世話するのが介護ではありません。「してあげる」「してもらう」といった依存関係ではなく、できないことだけサポートするのが基本です。身体的な機能が使えるうちは高齢者であっても、できることは自分で行ない、残った能力の維持をめざします。

ところが、「できない」のなかには、洗濯機の使い方がわからない、掃除をしたことがない、料理ができない、といった理由もあります。その場合は、洗濯機の使い方や干し方、たたみ方、掃除のしかた、料理のつくり方などを自分でやれるように誘導し、身につけてもらうことも大事です。親が老いてきたら、特に父親には家事力をつけてもらいたいものですね。

3-11 仕事と介護を両立させる方法とは？

仕事と介護を両立させる6つのポイント

政府は働き方改革のなかで、「介護離職ゼロ」を掲げています。どうすれば介護離職をせずに、仕事と介護を両立させることができるのでしょうか。厚生労働省が「平成29年度 仕事と介護の両立支援事業」でまとめた「仕事と介護 両立のポイント」として次の6つがあげられています。

①職場に「家族等の介護を行なっていること」を伝え、必要に応じて勤務先の「仕事と介護の両立支援制度」を利用する
②介護保険サービスを利用し、自分で「介護をしすぎない」
③介護保険の申請は早めに行ない、要介護認定前から調整を開始
④ケアマネジャーを信頼し、「何でも相談する」
⑤日頃から家族や要介護者宅の近所の方々等と良好な関係を築く
⑥介護を深刻にとらえすぎずに、「自分の時間を確保」する

これを見てもわかるように、介護を1人で抱えて苦しくならないよう、協力者をつくる、あるいは介護サービスを活用して自分が関わる介護時間を減らすことも大事です。

支援制度を活用する

家族の介護を行なう労働者の仕事と介護の両立を支援する法律として、「**育児・介護休業法**」があり、親が介護状態になったときに利用できる法律で定められている制度は右ページのとおりです。また、企業によっては独自の制度を設けているところもあるので、自社の制度も確認しておきましょう。

なお、これらの制度は、勤務先の業種や規模にかかわらず利用できます。職場の就業規則に制度がなくても、介護休業、介護休暇、所定外労働・時間外労働・深夜業の制限は、職場へ申し出ることで利用できます（ただし、勤務先の労使協定の定めによっては、勤続

◎育児・介護休業法等で利用できる制度等◎

制度	概要
介護休業	申し出ることにより、要介護状態にある対象家族１人につき通算93日まで、３回を上限として、介護休業を取得することができます。
介護休暇	要介護状態にある対象家族が１人であれば年に５日まで、２人以上であれば年に10日まで、１日単位または半日単位で取得できます。
所定労働時間の短縮等の措置	事業主は、①短時間勤務制度（短日勤務、隔日勤務なども含む）、②フレックスタイム制度、③時差出勤制度、④介護サービスの費用助成のいずれかの措置について、介護休業とは別に、要介護状態にある対象家族１人につき利用開始から３年間で２回以上の利用が可能な措置を講じなければなりません。
所定外労働の制限	１回の請求につき１月以上１年以内の期間で、所定外労働の制限を請求することができます。請求できる回数に制限はなく、介護終了までの必要なときに利用することが可能です。
時間外労働の制限	１回の請求につき１月以上１年以内の期間で、１か月に24時間、１年に150時間を超える時間外労働の制限を請求することができます。請求できる回数に制限はなく、介護終了までの必要なときに利用することが可能です。
深夜業の制限	１回の請求につき１月以上６月以内の期間で、深夜業（午後10時から午前5時までの労働）の制限を請求することができます。請求できる回数に制限はなく、介護終了までの必要なときに利用することが可能です。
転勤に対する配慮	事業主は、就業場所の変更を伴う配置の変更を行なおうとする場合、その就業場所の変更によって介護が困難になる労働者がいるときは、その労働者の介護の状況に配慮しなければなりません。
不利益取扱いの禁止	事業主は、介護休業などの制度の申出や取得を理由として解雇などの不利益取扱いをしてはなりません。
介護休業等に関するハラスメント防止措置	事業主は、介護休業などの制度の申出や利用に関する言動により、労働者の就業環境が害されることがないよう、労働者からの相談に応じ、適切に対応するために必要な体制の整備その他の雇用か管理上必要な措置を講じなければなりません。
介護休業給付金	雇用保険の被保険者が要介護状態にある家族を介護するために介護休業を取得した場合、一定の要件を満たせば、原則として介護休業開始前賃金の67％が支給されます。

※制度を利用できる労働者：勤務先の業種や規模にかかわらず、原則として要介護状態の「対象家族」を介護する労働者が対象となります。また、就業規則に制度がなくても、介護休業、介護休暇、所定外労働・時間外労働・深夜業の制限は、申出により利用することができます（ただし、勤務先の労使協定の定めによっては、勤続年数が１年未満の人など、取得できない場合があります）。

※要介護状態：負傷、疾病または身体上もしくは精神上の障害により、２週間以上の期間にわたり常時介護を必要とする状態をいいます。介護保険制度の要介護・要支援認定を受けていない場合でも取得できます。

※対象家族：配偶者、父母および子、配偶者の父母、祖父母、兄弟姉妹および孫。

年数が１年未満などは取得できない場合もあるので要注意）。
制度を利用できる「対象家族」は、配偶者、父母、子、配偶者の父母、祖父母、兄弟姉妹、孫です。また、「要介護状態」は、「負傷、疾病または身体上もしくは精神上の障害により、２週間以上の期間にわたり常時介護を必要とする状態」と規定されていて、介護保険制度の要介護・要支援認定を受けていない場合でも取得できます。

介護休業と介護休暇

働きながら介護を行なううえで頼りになるのが、「介護休業」と「介護休暇」です。この２つは確実に押さえておきましょう。

【介護休業】

要介護（２週間以上、常時介護が必要な状態）になった家族１人につき、通算で93日まで会社を休めます。対象は、配偶者、父母、配偶者の父母や、同居で扶養している祖父母、兄弟姉妹など。この間、雇用保険から賃金の67％が支給されます。

【介護休暇】

要介護状態にある家族１人に対して年５日、２人以上の場合は年10日を上限に休暇が取れます。１日単位または半日単位で休めて、急な入院の際や介護サービスの事務手続きなどを行なうときに利用できます。ただし、原則として無給扱いです。
この他にも、有給休暇を活用したり、労働時間や日数の短縮制度、フレックスタイム制、在宅勤務など、職場で利用できる制度は活用しましょう。
なお、介護休業を取ろうとして、「うちには制度がない。会社を辞めてほしい」と退職勧奨を受けた場合は、都道府県の労働局・雇用環境均等部などへ電話して相談しましょう。

ここに注意！

育児と違って、いつまで続くかわからないのが介護。制度を上手に活用して、できるだけ仕事と両立を心がけたいもの。

3-12 遠距離介護の交通費を節約するには？

遠距離介護が長期化すればするほど、交通費の負担が家計を圧迫します。節約する方法も検討しましょう。

航空運賃の節約

航空機で遠距離介護を行なう場合、航空会社の「介護割引」（航空会社で名称が異なる）を利用しましょう。届け出た区間であれば、航空券は正規料金よりも安く買えます。証明書を作成しておくことが条件です。

ほかにも、「早割り」を利用したり、マイル活用も。マイルが貯まれば無料搭乗に換えることもできます。

チケットショップで株主優待の割引券を購入する、あるいは株式そのものを保有して優待を受けるといった方法もあります。

電車賃の節約

ＪＲの場合、乗車券や新幹線の特急券も、往復割引や回数券などを利用することで少しでも削減できます。クレジットカードで支払えば、ポイントを貯めることもできます。また、チケットショップで格安切符を購入すれば節約になります。他にも割引がないか、窓口で聞いてみましょう。ＪＲ東日本なら、女性60歳、男性65歳以上対象の「大人の休日倶楽部ジパング」（年会費4,275円）に入会すると、条件によって30％割引になります。

高速バスの利用

場所によっては、高速バスで交通費を節約することも考えられます。新幹線や航空機より大幅に安く利用できます。最近は、シートの質のよいバスも増えたので、肉体的な疲労も最小限に抑えられます。

金曜の夜は高速バス、日曜に戻るときは新幹線を利用などと組み合わせて節約する方法もあります。

3-13 障害者に該当する場合は認定を受けよう

障害者認定でサービスを受けられる

要介護状態の高齢者のなかには、障害者福祉の対象になる状態の人もいます。その場合、所定の申請をして身体障害者（１～７級）と認定されると、身体障害者手帳の交付を受けることができます。認知症の診断を受けた場合でも、認定されれば「精神障害者保健福祉手帳」を交付されます。

障害者手帳があると、税の減免、医療費の補助、飛行機やＪＲ、バスなど公共料金の割引、タクシーの利用の補助などを受けられます。ただし、内容は自治体により異なり、また障害等級によって受けられる内容も異なるので、必要があれば申請をするといいでしょう。

65歳以上の要介護者で、介護保険のサービスを受けられる高齢者が、さらに身体障害者手帳の交付を受けた場合には、両方のサービスを受けることができます。原則として介護保険が優先されますが、介護保険で対応できないサービスを障害者施策から受けることができます。寝たきりなど要介護度が高い場合は、「特別障害者手当」（月27,200円：2019年８月現在）を受給できる場合もあります。

障害者手帳の交付前でも控除が受けられる

障害者手帳の交付前でも、所得税の障害者控除対象者と認められれば、扶養している子供側で障害者控除を受けられます。基準は市区町村で異なりますが、一定以上の要介護認定を受ければ認められる場合もあるので、確認しましょう。

ここに注意！

相談や手続きは市区町村の障害福祉課へ。

3-14 親をサポートするなら税金のメリットも受けよう

別居でも親を扶養控除の対象にできる

離れて暮らしているけれども老親のために継続的に仕送りをしている、という人もいるでしょう。税法上の扶養親族と認められれば、税金面でメリットがあるので活用しましょう。

仕送りをしていると、「生計が同一」とみなされ、同居だけでなく、別居であっても所得税の扶養控除を受けられます。70歳以上で所得が38万円以下（年金だけなら年158万円以下）の親と「生計が同一」と認められれば、同居で58万円、別居でも48万円が所得から控除されます。親が精神障害者保健福祉手帳１級の交付を受けたか、市区町村や福祉事務所から認定を受けて「同居特別障害者」と認められると75万円の控除を受けられます。

ただし、きょうだいがいて、複数でサポートをしている場合、親を扶養親族にできるのは１人だけ。最もサポートをしている子供が代表して扶養控除を受けましょう。

家計が同一と認められれば、親の分の医療費や介護費の一部も合算して医療費控除（☞52ページ）を受けることもできます。

75歳未満は健康保険の扶養家族にもできる

75歳以上は後期高齢者医療保険に入るので対象外ですが、75歳未満の親で一定以下の所得の場合、子供の健康保険の被扶養者（扶養家族）にできる場合もあります。健康保険の被扶養者にできる条件などは、職場で確認してみましょう。

ここに注意！

親を扶養親族にできる状態だったのにしていなかった場合は、法定申告期限から５年以内であれば、税務署で「更正の請求」を。

3-15 同居でも「世帯分離」で介護費を削減

世帯分離とは？

すでに高齢の親と同居して介護をしていたり、あるいは、今後、同居をしようかと考えている人もいることでしょう。

子供世帯が同居する家族の場合、医療や介護の保険料、それに利用料は世帯全体の収入で決まります。子供の収入が高いほど、原則として負担も大きくなります。そんなときに少しでも介護費を軽減する方法として、**世帯分離**を行なう方法があります。

「世帯分離」とは、住民票上の１つの世帯を２つに分けることをいいます。つまり、同居のまま世帯主は２人になります。

これによって、親が低所得世帯（住民税非課税世帯）と見なされれば、介護保険料や介護サービスを利用する際の自己負担額も下がり、高額介護サービス費（☞102ページ）の上限額も低く抑えられます。

介護施設に入る場合も、世帯年収が低いと居住費や食費が軽減されます（☞110ページ）。医療費も高額療養費（☞30ページ）の上限が下がります。また、住民税非課税世帯を対象とする自治体独自の介護サービスなども受けられます。

手続きは簡単

世帯分離の手続きは、市区町村の住民課に異動届を出すだけです。

ただし、原則は世帯主が独立した家計を営んでいることが世帯分離の条件なので、台所やトイレが別か、電気・ガスなどを別に引いているかなどを調べられることもあります。しかし、チェックがない自治体が多いのが現状のようです。

ただし、デメリットも

世帯分離することで、子供の扶養親族から抜けて、所得税の扶養控除の対象にならなくなったり、医療費控除も合算できなくなる可

◎世帯分離のメリット・デメリット◎

【世帯分離のメリット】

- 介護保険料が下がる
- 介護サービスを利用する際の自己負担額が下がる
- 高額介護サービス費の上限額を抑えられる
- 介護施設に入る場合、居住費や食費が軽減される
- 高額療養費の上限が下がる
- 住民税非課税世帯を対象とする自治体独自の介護サービスなども利用できる

【世帯分離のデメリット】

- 親が75歳未満で子供の健康保険の被扶養者になっていた場合は、親自身が国民健康保険に加入して保険料を負担
- 子供の扶養親族から抜けて所得税の扶養控除の対象外に（子供世帯）
- 医療費控除も合算できなくなる（子供世帯）

能性があります。

親が75歳未満で子供の健康保険の被扶養者になっていた場合は、親自身が国民健康保険に加入して保険料を負担することになります。

ここに注意！

判断に迷ったら、ケアマネジャーに相談しましょう。

3-16 認知症の親のお金の管理はどうする？

日常生活自立支援事業の利用

離れて暮らす親に判断能力の衰えが見え始めたときに利用できるのが、「**日常生活自立支援事業**」です。遠距離介護で、子供が常に一緒にいられない場合は利用する候補になります。

この事業の契約をすると、本人の代わりに「生活支援員」が預貯金の出し入れをしたり、通帳や印鑑、権利証などの書類を貸し金庫で預かるサービスもあります。訪問１回あたりの利用料は1,200円程度です。

詳しくは、地域の社会福祉協議会で確認しましょう。

成年後見制度の利用

親の判断能力が十分でなくなったときなどに、財産管理や生活面の監護などを行なうしくみが「**成年後見制度**」です。

成年後見には２つあり、１つは本人の判断能力が落ちてから家庭裁判所が選任する「**法定後見**」。鑑定・調査の結果、「後見」「保佐」「補助」の開始の審判がおり、家庭裁判所が法定後見人を選びます。

もう１つが、元気なうちに後見人を選んで契約する「**任意後見**」。契約は公正証書で行ない、法務局で登記します。任意後見人は、親戚や友人、弁護士、司法書士、社会福祉士、社会福祉法人等でも問題なしです（破産者以外）。判断能力が衰えたら、家庭裁判所に申し立て、「任意後見監督人」を選任して任意後見人の仕事が始まります。

なお、法定後見、任意後見のいずれの場合も、「**後見制度支援信託**」を活用すると安心です。財産のうち日常的な支払い分以外はしばらく使用しない分を信託銀行等に信託するしくみで、家庭裁判所の指示を受けて信託銀行等との間で契約します。

◎法定後見の種類◎

	後　見	保　佐	補　助
対象	判断能力が常に欠けている状態の人	判断能力が著しく不十分な人	判断能力が不十分な人
後見人・保佐人・補助人の同意が必要な行為	――	借金、訴訟行為、相続の承認・放棄、新築・改築・増築などの行為など	申立ての範囲内で家庭裁判所が審判で定める特定の法律行為
取消しが可能な行為	日常生活に関する行為以外の行為		
代理権の範囲	財産に関するすべての法律行為	審判で定める特定の法律行為（＊）	

（＊）　本人以外の請求で保佐人に代理権を与える審判をする場合や、補助開始の審判や補助人に同意権・代理権を与える審判をする場合は、本人の同意が必要。

財産管理等委任契約・死後事務委任契約の利用

判断能力があるうちに公正証書で上記の契約を結び、体が弱ったときに契約にもとづいて財産管理をしてもらう制度です。

財産や生活上の事務を委任する相手を決めて契約しますが、場合によっては、亡くなったあとの手続きまで依頼することも可能です。

知ットク！

上記のほか、有効な方法として注目されているのが家族信託（☞152ページ）です。

3-17 高齢者を狙う悪質商法に注意！

悪質商法の被害の８割が60歳以上

投資詐欺や架空請求詐欺、オレオレ詐欺や還付金詐欺などが横行していますが、被害者の８割が60歳以上です。トラブルに遭わないためには、きっぱり断わることが重要です。親には高齢者を標的とした悪質商法が多発していることを話し、「大きな買い物をするときは、一緒に見に行って一緒に買おうね」などと言っておくといいでしょう。

クーリング・オフの利用

すでに契約してしまっていた場合は、契約書を受け取った日を含め、訪問販売・電話勧誘なら８日間以内、連鎖販売契約（マルチ商法など）なら20日間以内であれば、クーリング・オフ制度を利用して契約解除できます。クーリング・オフ期間をすぎても、嘘を言って買わされた場合などは解除できることもあるので、「消費者ホットライン」などへ相談を。

解約制限付き信託を活用する

普通預金口座にまとまったお金を預けておくと、振り込め詐欺の被害につながりかねません。毎月の生活費だけ入金されれば、あとは簡単に払い出せないほうが本人も家族も安心です。

大手信託銀行が扱っている「解約制限付き信託」は、お金をいったん預けると、本人だけでは払い出せなくなります。こうしたサービスを利用するのも一法です。

ここに注意！

騙されたかも？　と思ったときは、国民生活センター「消費者ホットライン」188（イヤヤ）へ電話を。

4章

押さえておきたい公的介護保険制度のツボ

この章のキーワード

4-1 公的介護保険とは？

社会全体で介護を担うしくみ

日本は、世界でも有数の長寿国です。寿命が延びるにつれて、**要介護**状態になる確率は高くなります。親が要介護状態になったとき、子どもだけで介護を担うのは大変です。

そこで、高齢者の介護を社会全体で支え合おうという趣旨で2000年４月に**公的介護保険**がスタート。親が倒れて要介護状態に突入することも考えられるので、介護保険の概要を知っておきましょう。

介護保険は、40歳以上の人が被保険者となって加入し、介護が必要になったと認定されると、費用の一部（所得に応じて１～３割）を負担することで、介護サービスを受けられます。

主として65歳以上で受けられる介護サービス

65歳以上の人を「**第１号被保険者**」、40～64歳の人を「**第２号被保険者**」と区分けされ、介護サービスを利用する条件や保険料の納付方法などが異なります。

第１号被保険者は、要支援・要介護状態になった原因を問わず、介護認定を受けて介護サービスを利用することができます。一方、第２号被保険者は、加齢に伴う特定疾病（16種類）で要支援・要介護状態になった場合に限られます。それ以外の病気や交通事故などの災害が原因で要支援・要介護状態になっても、残念ながら公的介護保険の介護サービスは受けられません。

保険料の支払い方は、第２号被保険者が40歳になった月から医療保険料（健康保険料）と一緒に徴収されるのに対し、第１号被保険者は65歳になった月から原則、年金からの天引きで支払います。

公的介護保険は、「介護サービス」を現物給付する制度です。要支援・要介護になったときに、介護を必要とする度合い（要介護度）に応じ、上限額までの給付を受けられます。

◎第２号被保険者が公的介護保険を利用できる16種の特定疾病◎

①がん（末期）、②関節リウマチ、③筋萎縮性側索硬化症、④後縦靱帯骨化症、⑤骨折を伴う骨粗鬆症、⑥初老期における認知症、⑦進行性核上性麻痺、大脳皮質基底核変性症およびパーキンソン病、⑧脊髄小脳変性症、⑨脊柱管狭窄症、⑩早老症、⑪多系統萎縮症、⑫糖尿病性神経障害、糖尿病性腎症および糖尿病性網膜症、⑬脳血管疾患、⑭閉塞性動脈硬化症、⑮慢性閉塞性肺疾患、⑯両側の膝関節または股関節に著しい変形を伴う変形性関節症

◎介護保険の２種類の被保険者◎

	第１号被保険者	第２号被保険者
対象者	65歳以上の者	40歳から64歳までの医療保険加入者
人数	3,440万人	4,200万人
受給要件	●要介護状態（寝たきり、認知症等で介護が必要な状態） ●要支援状態（日常生活に支援が必要な状態）	要介護、要支援状態が、末期がん・関節リウマチ等の加齢に起因する疾病（特定疾病）による場合に限定
要支援・要介護（被保険者に占める割合）	619万人（18.0%）	13万人（0.3%）
保険料負担	市町村が徴収（原則、年金から天引き）	医療保険者が医療保険の保険料と一括徴収

（注）第１号被保険者および要介護（要支援）認定者の数は、「平成28年度介護保険事業状況報告年報」によるものであり、平成28年度末現在の数である。
第２号被保険者の数は、社会保険診療報酬支払基金が介護給付費納付金額を確定するための医療保険者からの報告によるものであり、平成28年度内の月平均値である。

（厚生労働省「公的介護保険制度の現状と今後の役割」より）

ここに注意！

介護保険では、「介護サービス」という現物が給付されます。サービスが受けられるのは、原則、65歳になってからです。

4-2 どのような介護サービスが受けられる？

居宅・地域密着型・施設サービスがある

公的介護保険で受けられるサービスをわかりやすく整理すると、次のようなものがあります。

- 介護サービスの利用に関する相談やケアプランの作成
- 介護予防に関するサービス
- 家事援助等のサービス
- 日帰りで受けるサービス（デイサービス）
- 施設に宿泊して受けるサービス（ショートステイなど）
- 訪問・通い・宿泊を組み合わせて受けられるサービス
- 福祉用具の利用にかかるサービス

もう少し詳しく見ていくと、要支援１・２と認定された人が利用できる**介護予防サービス**（予防給付）と、要介護１～５と認定された人が利用できる**介護サービス**（介護給付）があります。

介護予防サービスとは、介護予防になる軽度者向けのサービスです。市町村が中心になって「介護予防・日常生活支援総合事業」も行なわれています。要支援者だけでなく、自立の人を対象とするサービスもあります。

一方、介護サービスは大きく、居宅サービスと地域密着型サービス、施設サービスの３種類に分けられます。

【居宅サービス】

自宅で生活しながら受けるサービスと、施設に通って受けるサービス、介護環境を整えるためのサービス（福祉用具貸与や規定福祉用具購入費の支給、住宅改修費の支給）があります。ケア付き有料老人ホームやサービス付き高齢者向け住宅などで行なわれる介護も居宅サービスです（特定施設入所者生活介護）。居宅サービスは、介護サービスを受ける人の８割弱を占める中心的なサービスです。

【地域密着型サービス】

住み慣れた地域での生活を維持できるよう、柔軟なサービスを提供するためのサービスで、市町村が事業者や施設の指定・監督を行なっています。夜間対応型訪問介護など自宅で受けるサービスと、グループホームなど施設を利用して受けるサービスとがあります。他の地域のサービスを利用することはできません。

【施設サービス】

要介護認定を受けた人が、公的介護保険施設に入所して利用するサービスです。公的介護保険施設は、介護老人福祉施設（特別養護老人ホーム）、介護老人保健施設、介護医療院、介護療養型医療施設（2033年度末で廃止）の４つがあります（詳しくは100ページ）。

ここに注意！

介護サービスは、要介護度によって、受けられるサービスが異なります。

「かかりつけ医」を持とう

多くの場合は、長年の間に通う病院・診療所や「かかりつけ医（主治医）」も自然に決まっていることが多いでしょう。

信頼できるかかりつけ医がいることは、とても心強いことです。病歴や投薬の内容を把握してくれているからです。また、要介護状態や障害状態になって介護認定や障害認定の手続きをする際にも、かかりつけ医、つまり主治医の意見書が必要になります。

もし、病状や必要な治療法などによって町の診療所の設備で対応しきれない事態がわかったときも、より設備の整った病院をかかりつけ医から紹介してもらうこともできます。親のかかりつけ医の連絡先も、わかるように書いておいてもらうと安心です。

◎介護サービスの種類◎

	都道府県・政令市・中核市が指定・監督を行なうサービス	市町村が指定・監督を行なうサービス
介護給付	◎居宅介護サービス 【訪問サービス】 ●訪問介護（ホームヘルプサービス） ●訪問入浴介護 ●訪問介護 ●訪問リハビリテーション ●居宅療養管理指導 【通所サービス】 ●通所介護（デイサービス） ●通所リハビリテーション 【短期入所サービス】 ●短期入所生活介護（ショートステイ） ●短期入所療養介護 ●特定施設入居者生活介護 ●福祉用具貸与 ●特定福祉用具販売 ◎施設サービス ●介護老人福祉施設 ●介護老人保健施設 ●介護療養型医療施設 ●介護医療院	◎地域密着型介護サービス ●定期巡回・随時対応型訪問介護・看護 ●夜間対応型訪問介護 ●地域密着型通所介護 ●認知症対応型通所介護 ●小規模多機能型居宅介護 ●認知症対応型共同生活介護（グループホーム） ●地域密着型特定施設入居者生活介護 ●地域密着型介護老人福祉施設入所者生活介護 ●複合型サービス（看護小規模多機能型居宅介護） ◎居宅介護支援
予防給付	◎介護予防サービス 【訪問サービス】 ●介護予防訪問入浴介護 ●介護予防訪問看護 ●介護予防訪問リハビリテーション ●介護予防居宅療養管理指導 【通所サービス】 ●介護予防通所リハビリテーション 【短期入所サービス】 ●介護予防短期入所生活介護（ショートステイ） ●介護予防短期入所療養介護 ●介護予防特定施設入居者生活介護 ●介護予防福祉用具貸与 ●特定介護予防福祉用具販売	◎地域密着型介護予防サービス ●介護予防認知症対応型通所介護 ●介護予防小規模多機能型居宅介護 ●介護予防認知症対応型共同生活介護（グループホーム） ◎介護予防支援

（※）この他、居宅介護（介護予防）住宅改修、介護予防・日常生活支援総合事業がある。

（厚生労働省老健局「介護保険制度をめぐる状況について」より）

4-3 介護サービスを利用するには要介護認定が必要

要介護と要支援があり、７段階に区分

家族に介護が必要になったとき、介護サービスを受けるには、「**要介護（要支援）認定**」を受けなければなりません。

市区町村の相談窓口、あるいは地域包括支援センターで申請すると、市町村の介護認定審査会が審査・判定を行ないます。判定結果は、申請してから原則として30日以内に市町村から通知されることになっています。申請からサービス利用までの流れは、次ページの図のとおりです。

要介護・要支援認定は、介護を必要とする度合いによって、要支援１・２、要介護１～５の７段階に分けられます（☞96ページ）。状況によっては、介護の必要がない「自立」と判定される場合もあります。

要介護認定の有効期限は、原則として12か月（初回認定のみ原則６か月）で、その後は、有効期間が終わる前に更新の申請を行ないます。しかし、高齢者は心身の状態が安定していることは少なく、急変することも珍しくありません。そんな場合は、有効期限内でも要介護度の変更申請ができます。また、「自立」と判定された後に、介護が必要になった場合にも再申請が可能です。

なかには、訪問調査の際に、本人ががんばりすぎてしまい、ふだんの様子がうまく伝わらずに、要介護認定の結果が軽すぎる結果になることもあります。そうした場合は、認定通知を受けた日の翌日から３か月以内に都道府県の「介護保険審査会」に審査請求（不服申立て）します。

◎要介護認定を申請してからの基本的な流れ◎

■申請する

市区町村の窓口で申請を行なう。地域包括支援センター（☞58ページ）で手続きを代行している場合もある。

■要介護認定の調査・判定

【認定調査】
市区町村の職員などの認定調査員が自宅を訪問し、心身の状況について本人や家族から聞き取りなどの調査を行なう。内容は74項目。

【主治医意見書】
市区町村が連絡を取り、主治医（かかりつけ医）が意見書を作成。

【審査・判定】
認定調査の結果と主治医の意見書をもとに、コンピュータ処理し、要介護度を一次判定。さらに、保険・福祉・医療の学識経験者による「介護認定審査会」で総合的に審査し、二次判定を行なう。

■認定結果の通知

■ケアプランを作成

■サービスを利用

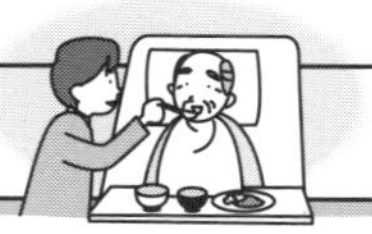

（厚生労働省「公的介護保険制度の現状と今後の役割」より）

ここに注意！

訪問調査では、認知機能に関する内容などで、本人の前で言いにくい事柄は家族がメモで伝えたり、質問になくても、家族としてふだん感じていることを伝えることなども大事です。

4-4 要介護認定から介護サービスを受けるまで

要介護か要支援かによって手続きは異なる

要介護認定の後、介護サービスを受けるまでの流れは、要支援と認定されたか、要介護と認定されたかで異なります。

要支援１・２と認定された場合は、地域包括支援センターに申し込み、保健師などに相談して**介護予防サービス計画**をつくってもらうのが一般的です。

要介護１～５と認定された場合は、在宅サービスを希望するか、施設サービスを希望するかで流れが違ってきます。在宅サービスを希望する場合は、居宅介護支援事業所などに申し込み、その事業所に所属するケアマネジャーに相談して**ケアプラン（介護サービス利用計画書）**を作成してもらいます。施設サービスを希望する場合は、直接、介護保険施設に申し込みます。

ケアマネジャーには希望を伝える

介護サービスを受けるには、利用者の状態や家族の希望に合わせてケアプランを作成してもらい、それにもとづいてサービスを利用します。担当のケアマネジャーには、遠慮せず希望などを伝え、家族のニーズに合う内容にしてもらいましょう。

- 本人や家族の状態や困っていることを伝える
- 医師からの指示などがあればそれも伝える
- 予算（自己負担分）
- 家族の曜日の都合などを加味してもらう

ケアマネジャーは定期的に訪問してくれて、ケアプランの見直しをしてくれます。うまくニーズを伝えられなかったとしても、あとから軌道修正をすることも可能です。なお、**どうしても担当のケアマネジャーと合わないときは、代えてもらうこともできます。**

◎実際に介護サービスを受けるまでの流れ◎

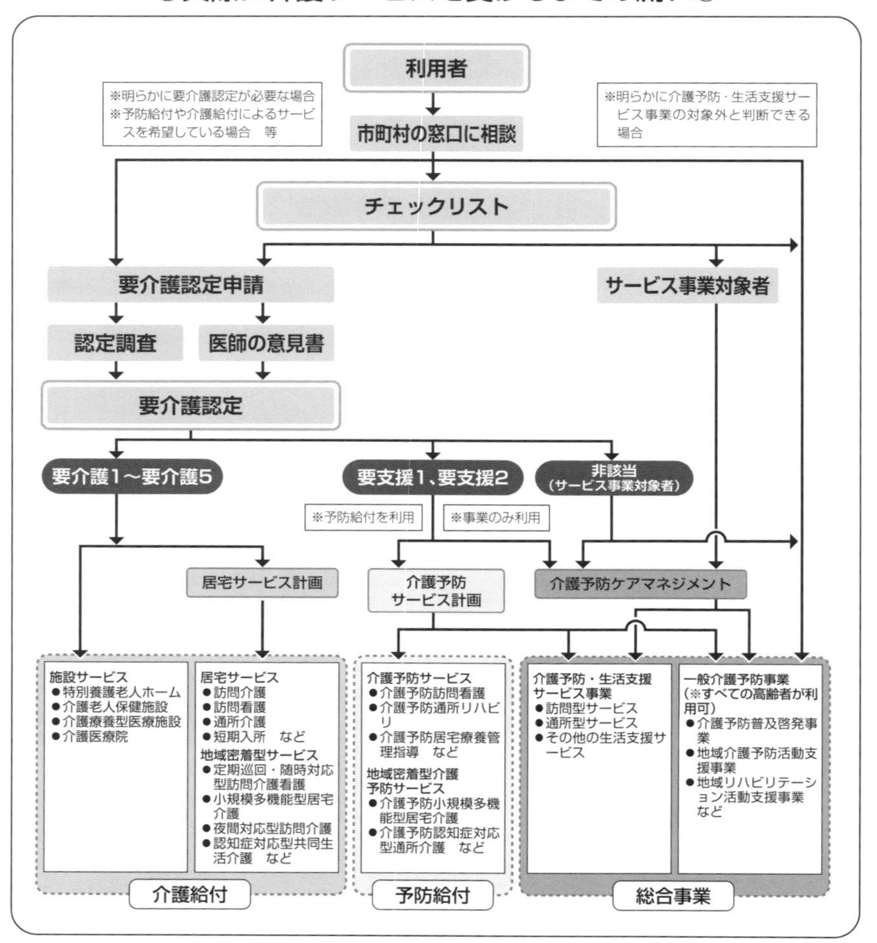

（厚生労働省のサイトより）

知ットク！

要介護認定が出た場合は、申請した日にさかのぼって給付対象となります。そのため、親が急に介護状態になったときは、全額自己負担でサービスを受け、認定後に自己負担分以外を払い戻してもらうこともできます。

4-5 介護サービス利用時の自己負担は？

要介護度の区分に応じた利用限度額がある

公的介護保険を利用する際の自己負担のしくみはどうなっているのでしょうか？

要介護認定を受けた場合、公的介護保険で居宅サービスや地域密着型サービス、施設サービスを受けることができますが、保険が適用になる介護サービスには**利用限度額**が設けられています。この利用限度額の範囲の介護サービスを受ける場合は、所得に応じた自己負担分（１～３割）で済みます。

たとえば、要介護度が最も軽い要支援１の支給限度額は１か月50,030円ですから、限度額までサービスを利用したときの利用者負担は１割負担で5,003円、３割負担なら15,009円です。

要介護度が最も重い要介護５の支給限度額は１か月360,650円で、同じく限度額まで利用したときの負担額は１割負担なら36,065円、３割負担なら108,195円。そのほかの在宅サービスの支給限度額と利用のめやすは、次ページの表を参照してください。

介護サービスは、限度額を超えてサービスを利用することもできますが、その分は、全額自己負担になります。介護保険に含まれていないサービスを利用した場合も同様に全額自己負担です。

このほか、デイサービスを利用する際は、介護サービス利用料のほかに、食費などがかかります。ショートステイの場合はさらに、滞在費も負担します。施設介護の場合は、居住費や家賃がかかります。

なお、現金で給付される特定福祉用具購入費や住宅改修費については支給限度額とは別枠で、要介護度に関係なく、それぞれ上限額が決められています。

◎介護サービスの利用限度額◎

要介護度	利用限度額（月）	限度額まで利用したときの自己負担（月）		
		２割負担、３割負担に該当しない	合計所得160万円以上で、 ●単身世帯：年金＋他の所得が280万円以上 ●65歳以上が２人以上の世帯：年金＋他の所得が346万円以上	合計所得220万円以上で、 ●単身世帯：年金＋他の所得が340万円以上 ●65歳以上が２人以上の世帯：年金＋他の所得が463万円以上
		１割負担	２割負担	３割負担
要支援１	50,030円	5,003円	10,006円	15,009円
要支援２	104,730円	10,473円	20,946円	31,419円
要介護１	166,920円	16,692円	33,384円	50,076円
要介護２	196,160円	19,616円	39,232円	58,848円
要介護３	269,310円	26,931円	53,862円	80,793円
要介護４	308,060円	30,806円	61,612円	92,418円
要介護５	360,650円	36,065円	72,130円	108,195円

※大都市は利用料が高く、支給限度額は上記よりも高くなる。

（参考：厚生労働省「平成29年介護保険法改正」）

ここに注意！

居宅サービスは、要介護度別に１か月あたりの支給限度額が設けられており、サービス利用者は、その１～３割を負担します。

4-6 居宅サービスと地域密着型サービス

公的介護保険で利用できるサービスのうち、**居宅サービス**と**地域密着型サービス**を見ていきましょう。地域密着型サービスは、住んでいる市町村でしかサービスを利用することはできません。

居宅サービス

自宅に来てもらって受ける介護サービスのほか、介護事業所や施設で受ける介護サービスがあります。実際には、サービスを組み合わせて利用します。他にも、介護環境を整える介護サービスもあります。

なお、有料老人ホームやサービス付き高齢者向け住宅に住みながら受ける介護サービスも居宅サービスです。

☑**訪問介護**…ホームヘルパーが来て入浴や介護、調理・掃除などの生活援助をしてくれます。居宅サービスでの利用が最多。

☑**訪問入浴介護**…専用車両が自宅に来て、入浴させてくれます。

☑**訪問看護**…看護師などが訪問し、診療の補助などをしてくれます。

☑**訪問リハビリ**…理学療法士や作業療法士が来てリハビリを指導。

☑**居宅療養管理指導**…医師が来てくれて、指導・管理を行ないます。

☑**通所介護**…居宅介護で最も利用が多いです。デイサービスなどに通い、入浴や機能訓練、健康チェックなどを受けます。

☑**通所リハビリ**…老人保健施設などへ行き、入浴・機能訓練などを受けます。

☑**ショートステイ**…介護者が病気のときなどに数日間入所し、介護・看護や機能訓練などを受けます。

☑**特定施設入居者生活介護**…有料老人ホームやサービス付き高齢者向け住宅に住みながら介護サービスを受けます。

このほか、介護環境を整える介護サービスとして、次のようなものもあります。

☑**福祉用具貸与**…車いすや介護用ベッドなどを、自己負担１～３割で借りられます。

☑**特定福祉用具購入費・住宅改修費**…下表参照。

◎現金で給付されるサービスの限度額◎

内　容		自己負担額
特定福祉用具購入費	●腰掛け便座（便座の底上げ部材を含む） ●自動排泄処理装置の交換可能部品 ●入浴補助用具（入浴用いす、浴槽用手すり、浴槽内いす、入浴用介助ベルト等） ●簡易浴槽 ●移動用リフトのつり具の部分　など	年度ごと10万円（自己負担１～３割） （＊）福祉用具貸与の対象となっている用具は支給対象外。指定業者から購入すること。
住宅改修費	●手すりの取り付け ●床段差の解消 ●滑りにくい床材・移動しやすい床材への変更 ●引き戸等への扉の取り替え、扉の撤去 ●和式から洋式への便器の取り替え　など	上限20万円（自己負担１～３割） 引越しや要介護度が高くなった場合は、再度支給を受けることができます。 必ず工事の前にケアマネジャーに相談を（工事後は給付対象外）

地域密着型サービス

住み慣れた地域で暮らしながら、地域の特性に応じた介護サービスを受けられるように設けられたものです。市町村が指定・監督を行なう事業です。

この在宅サービスとしては、施設などを利用して受けるサービスのなかの「小規模多機能型居宅介護」や「認知症対応型共同生活介護」などがあります。いずれも、原則として、その市町村に住んでいる人が利用できるものです。

☑**地域密着型通所介護**…地域密着型ではグループホームに続いて利用が多い。デイサービスで入浴や機能訓練などを受けます。

☑**定期巡回・随時対応型訪問介護看護**…１日数回の定期訪問と、随時の介護・看護サービスを受けられます。

☑**夜間対応型訪問介護**…夜間、定期的に訪問し、おむつ替えなどをしてもらえます。

☑**認知症対応型通所介護**…認知症の人の介護や機能訓練を行なう地域密着型のデイサービス。

☑**グループホーム**…地域密着型サービスで最も利用が多いです。認知症の人が少人数で共同生活を送ります。

☑**小規模多機能型居宅介護**…通所サービスのほか、事業所での宿泊や自宅への随時の訪問サービスを組み合わせて受けられます。

☑**看護小規模多機能型居宅介護**…訪問看護の機能を持つ小規模多機能型居宅介護。デイサービスやショートステイも可能。

ここに注意！

居宅サービスや地域密着型サービスには、いろいろな種類があります。本人や家族の状況・希望に合わせて、どのサービスを利用するのが有効か、ケアマネジャーとよく相談しましょう。

4-7 施設サービスの種類

4種類のなかから選択

要介護者のなかには、**施設サービス**を希望する人もいます。また、心身の状態や症状によって1人暮らしが困難な場合や、要介護度が重くなり、仕事を持つ親族だけでは手が足りずに施設サービスを利用せざるを得ないケースもあります。

このような人が利用できる公的介護保険の施設サービスとしては、2019年7月現在、次の4つがあります。

①**介護老人福祉施設（特別養護老人ホーム）**…常に介護が必要で、在宅での生活が困難な人が日常生活をするうえで必要な介護や機能訓練、療養上の世話を受けるための施設。原則、要介護3以上。

②**介護老人保健施設**…症状が安定している人で、積極的な治療よりも看護や介護、リハビリを中心とした医療ケアと生活サービスを受けるための施設。

③**介護療養型医療施設**…治療が終わった後、長期療養が必要な人が医療や介護などを受けるための病院。過去に廃止が決まり新設は認められなかったが、既存の施設の廃止時期は延長され続けてきました。「介護医療院」が新設されたことで2024年3月31日の廃止が確定。介護療養型医療施設は介護医療院への転換も可能。

④**介護医療院**…2018年4月に新設された、医療と介護のニーズに対応するための介護保険施設。医療の必要な要介護者を対象として、医学管理や看取りなどの医療機能と、介護施設としての機能とを提供する施設です。介護医療院には、療養機能にウエートを置いたⅠ型と、機能訓練や必要な医療にウエートを置いたⅡ型があります。介護療養型医療施設と比べ床面積が少し広くなったほか、多床室も家具などによる間仕切りがされ、よりプライバシーへの配慮がなされています。

◎それぞれの施設サービスの特徴◎

		特別養護老人ホーム	介護老人保健施設	介護療養病床	介護医療院	
					Ⅰ型	Ⅱ型
概要		要介護者のための生活施設	要介護者にリハビリ等を提供し、在宅復帰をめざす施設	病院・診療所の病床のうち、長期療養を必要とする要介護者に対し、医学的管理の下における介護、必要な医療等を提供するもの	要介護者の長期療養・生活施設	
病床数		約54.2万床（※1）	約37.2万床（※1）（うち介護療養型：約0.9万床（※2）	約4.3万床（※3）	約0.5万療養床（※2）	約0.3万療養床（※2）
設置根拠		老人福祉法（老人福祉施設）	医療法（医療提供施設）			
			介護保険法（介護老人保健施設）	医療法（病院・診療所）	介護保険法（介護医療院）	
				介護保険法（介護療養型医療施設）		
施設基準	医師	健康管理および療養上の指導のための必要な数	100対1（1名以上）	48対1（3名以上）	48対1	100対1
					（3名以上、宿直を行なう医師を置かない場合は1名以上）	
	看護職員	3対1	3対1（うち看護職員を2/7程度を標準）	6対1	6対1	6対1
	介護職員			6対1～4対1 療養機能強化型は5対1～4対1	5対1～4対1	6対1～4対1
面積		10.65㎡（原則個室）	8.0㎡（※4）	6.4㎡	8.0㎡以上（※5）	
設置期限		—	—	2023年度末	（2018年4月施行）	

※1　介護サービス施設・事業所調査（2017年10月1日）
※2　介護医療院開設移行等支援事業調査（2018年12月末時点）
※3　病院報告（2018年10月分指数）
※4　介護療養型は、大規模改修まで6.4㎡以上で可。
※5　大規模改修まで6.4㎡以上で可。

（厚生労働省資料等より）

施設サービスを利用する費用は、公的介護保険利用の自己負担分（1～3割）のほか、原則は全額自己負担となる、食費や居住費、日常生活費（理美容費や洗濯代、おこづかいなど）がかかります。ただし、収入・資産が少ない人などの居住費・食費には負担限度額も設けられています（☞110ページ）。

ここに注意！

希望者の多い介護老人福祉施設は、在宅介護が難しい人ほど優先順位が高いので、申し込んですぐ入所できるとは限りません。

4-8 知ってトクする！高額介護サービス費制度

高額療養費制度の介護保険版

高額介護サービス費制度とは、要介護者やその家族の負担を軽減するための制度で、公的介護保険の自己負担額が１か月の限度額を超えた場合に、超えた分を払い戻せる制度です。医療保険には「高額療養費制度」（☞30ページ）がありますが、その介護保険版といえます。

在宅サービスや地域密着サービスを支給限度内で受けた場合の「自己負担額」は１～３割ですが、この自己負担の合計額が次ページ表の限度額を超えたときに、申請すると超えた分を払い戻してくれます。

その際のポイントは、以下のとおりです。

- **１日から月末までの自己負担分が対象**
- **福祉用具の購入費や住宅改修費の負担分は対象外**
- **介護保険の給付対象外は含まず（全額自己負担の利用分など）**
- **世帯で合算できる**

高額介護サービス費の自己負担上限額は、現役並み所得者か一般か住民税非課税者かで、世帯の上限額が異なります。現役並み所得者とは、65歳以上の人の収入が単身の場合383万円以上、２人以上の場合520万円以上ある世帯の人を指します。

2019年８月現在、一般世帯では月44,400円が上限となっています。この限度額は毎年見直されます。

なお、同じ世帯の夫婦２人とも介護サービスを利用していて、世帯で合算して高額介護サービス費の対象となった場合は、超えた分はそれぞれの口座に按分して払い戻されます。

実際には、利用者は通常どおり自己負担額を支払い、条件ごとに超えたその後、申請を行なって払い戻しを受けます。といっても、

◎高額介護サービス費の上限額◎（2019年８月現在）

区　分		負担限度額（月）
一般		44,400円（世帯） １割負担者のみの世帯は年間上限額446,400円（2020年７月まで）
現役並み所得者（課税所得145万円以上）		44,400円（世帯）
住民税非課税世帯	●合計所得金額（＊1）＋課税年金収入額が80万円以下 ●老齢福祉年金受給者など	24,600円（世帯） 15,000円（個人）（＊2）
	上記以外	24,600円（世帯）

（＊１）「合計所得金額」とは、収入金額から必要経費に相当する金額を控除した金額のことで、所得控除をする前の金額です。
（＊２）個人の限度額15,000円で払い戻しを受け、生活保護の適用から外れる場合は、世帯で15,000円が限度額となります。

（生命保険文化センター「介護保障ガイド」や厚生労働省の資料を参照し筆者作成）

該当月の申請書が役所から届くので、記入・押印等をして返送することで申請できます。その後、登録した銀行口座に振り込まれます。高額介護サービス費を超えたはずなのに申請書類が来ない場合は、役所の高齢福祉課などに問い合わせてみましょう。

ここに注意！

医療費が高額になったときには「高額療養費制度」、介護と医療の両方の費用がかかった年には「高額医療・高額介護合算療養費制度」もあります。該当する場合は負担が軽減されます。

4-9 高額医療・高額介護合算療養費制度とは

二重に軽減されて助かる制度

高齢者の医療費・介護費は二重に軽減されているのをご存知でしょうか。1か月単位では、公的医療保険には高額療養費制度（☞30ページ）、公的介護保険には高額介護サービス費制度（☞102ページ）があり、さらに1年単位でも医療費・介護費の上限が設定されています。それが、**高額医療・高額介護合算療養費制度**です。

公的健康保険と公的介護保険の両方のサービスを利用し、1年間にかかった医療・介護の「自己負担額」の合計が、所定の「限度額」を超える場合に、超えた分が払い戻されるしくみです。

医療保険・介護保険の自己負担額の合計には、食事療養費や差額ベッド代などは含まれません。また、高額療養費や高額介護サービス費で戻った分を差し引いた、実質的な自己負担部分です。

この制度を活用する場合のポイントは、以下のとおりです。

- **「1年」は8月1日から翌年7月31日まで**
- **福祉用具の購入費や住宅改修費の負担分は対象外**
- **介護保険の給付対象外は含まず（全額自己負担の利用分など）**
- **医療保険の対象外は含まず（先進医療の技術料、食事療養費、差額ベッド代など）**
- **世帯で合算できる**
- **医療と介護がいずれか0の場合は利用できない**

たとえば、70歳未満の人を含む世帯で、健康保険の標準報酬月額が28万円以上53万円未満で、公的健康保険と公的介護保険の自己負担額が年間で80万円だった場合、「80万円－67万円＝13万円」が、高額医療・高額介護合算療養費として戻ります。ただし、70歳未満の人の健康保険の自己負担額は、医療機関別、入院・通院別で21,000円以上ある場合に合算対象となります。

◎高額医療・高額介護合算療養費制度の上限額◎

（2019年８月現在）

<table>
<tr><th colspan="2">所得区分</th><th rowspan="2">70歳未満を含む世帯</th><th rowspan="2">70〜74歳のみの世帯</th><th rowspan="2">75歳以上の世帯</th></tr>
<tr><th>標準報酬月額（会社員・公務員）</th><th>基礎控除後の総所得金額（自営業や年金暮らし）</th></tr>
<tr><td>28万円未満</td><td>210万円</td><td>60万円</td><td colspan="2">56万円</td></tr>
<tr><td>28万円以上
53万円未満</td><td>210万円超
600万円以下</td><td>67万円</td><td colspan="2">67万円</td></tr>
<tr><td>53万円以上
83万円未満</td><td>600万円超
901万円以下</td><td colspan="3">141万円</td></tr>
<tr><td>83万円以上</td><td>901万円超</td><td colspan="3">212万円</td></tr>
<tr><td colspan="2">住民税非課税者</td><td rowspan="2">34万円</td><td colspan="2">31万円</td></tr>
<tr><td colspan="2">70歳以上で収入が年金のみの場合、１人暮らしで約80万円以下、２人世帯で約160万円以下等</td><td colspan="2">19万円（公的介護保険で自己負担がある人が世帯に複数いる場合は31万円）</td></tr>
</table>

（生命保険文化センター「介護保障ガイド」や厚生労働省の資料を参照し筆者作成）

国民健康保険や後期高齢者医療であれば、該当する世帯には申請書類が役所から届くので、記入・押印等をして返送することで申請できます。該当者が働いていて健康保険に入っている場合は、健康保険組合などに聞いてみるといいでしょう。

ここに注意！

払い戻すには申請手続きが必要ですので、お忘れなく！

4-10 介護サービス事業所と施設選びのポイント

介護サービス事業の選び方

親が介護サービスを利用することになったとき、ケアマネジャーは、親の状況に合ったケアプランを作成し、それを実現するのに適した事業所を提案してくれます。地域の介護サービス事業所の特徴なども把握しているので、親の状況や希望に合うところを紹介してくれます。

提案を複数受けた場合や、あるいは自力で介護サービス事業所を探したい場合には、厚生労働省の「介護サービス情報公表システム」を利用して、親が住んでいる地域の介護サービス事業所を調べることもできます。

サイトの情報も活用を

デイサービスやショートステイなどを利用する可能性が出てきた場合や、あるいは介護施設への入居を希望する場合は、親が元気なうちに見学したり、体験などもしておくといいでしょう。

そのため、気になる介護サービス事業所があったら、ホームページを閲覧したり、パンフレットなどを取り寄せて、サービスの内容などを確認しましょう。

なお、地域密着型サービスに関して、第三者評価などの情報をチェックできるサイトもあるので、参考にするのもいいでしょう。

◎介護サービス事業所を検索できるサイト◎

■厚生労働省「介護サービス情報公表システム」
http…//www.kaigokensaku.mhlw.go.jp/

■独立行政法人福祉医療機構「WAM NET」（ワムネット）
https…//www.wam.go.jp/content/wamnet/pcpub/top/

ここに注意！

まだ要介護状態ではないけれど、親の住んでいる地域にどんな介護サービス事業所があるのかなどを確認するのであれば、「介護サービス情報公表システム」が参考になるでしょう。

5章

介護施設への入所を考える

この章のキーワード

5-1 高齢者住宅・介護施設の種類

介護老人福祉施設（特養）と有料老人ホームが多い

高齢になってから利用できる高齢者住宅・介護施設にはどのようなものがあるか、まずは大まかに整理しておきましょう。介護保険施設、有料老人ホーム、その他の介護付き施設、高齢者向け賃貸住宅と、４つに分類しました（☞右ページ）。

詳しくは次項以降で解説しますが、「介護あり」となっているのは、24時間対応の介護サービスがある施設です。「なし」は介護サービスがないため、要介護になったときは他の施設に入ることになります。「外部」というのは、介護が必要になったときに、外部の介護サービスを利用するものです。

下の「定員数」のデータで見ると、最も多いのはやはり介護老人福祉施設で、有料老人ホーム、介護老人保健施設、グループホーム、サービス付き高齢者向け住宅と続きます。費用やサービス内容、要介護の状況（自立かどうかも含め）などで選ぶことになります。

◎介護施設等の定員数（平成28年）◎

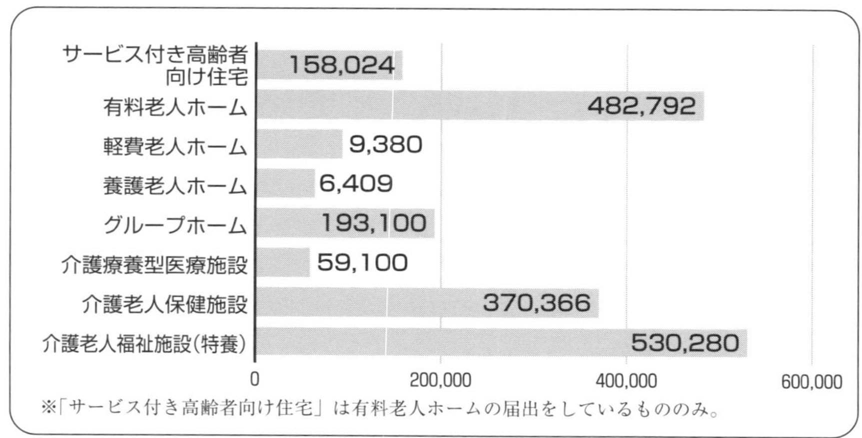

※「サービス付き高齢者向け住宅」は有料老人ホームの届出をしているもののみ。

（内閣府「平成30年版高齢社会白書」のデータより作成）

◎高齢者住宅・介護施設の種類◎

区　分		概　要	介護	一時金	月額目安
介護保険施設	介護老人福祉施設（特別養護老人ホーム）	常時介護が必要で自宅介護が困難の人が対象	あり	不要	約５万～20万円
	介護老人保健施設	退院後などに看護やリハビリ、介護が受けられる	あり	不要	約６万～16万円
	介護医療院（2018年４月～）	医療、介護、日常生活上の世話を受ける病院	あり	不要	――
	介護療養型医療施設	長期にわたる療養が必要な人が対象	あり	不要	約７万～17万円
有料老人ホーム	有料老人ホーム住宅型	要介護時は外部サービス利用	外部	０～数千万円	約15～30万円
	介護付き有料老人ホーム入居時自立型	自立から利用可。介護用の居室に転室もあり	あり	数十万～数千万円	約15万～30万円
	介護付き有料老人ホーム介護型	介護サービスが付いた有料老人ホーム	あり		約15万～30万円
その他の介護付き施設	グループホーム	認知症の人が対象の共同生活の場（５～９人）	あり	０～数十万円	約10万～25万円
	サービス付き高齢者向け住宅（介護対応型）	安否確認・生活相談サービスを提供	あり	０～数十万円（敷・礼金）	約15万～30万円
	軽費老人ホーム（介護型ケアハウス）	介護サービスが受けられる	あり	０～数百万円	約10万～25万円
高齢者向け賃貸住宅	サービス付き高齢者向け住宅	安否確認・生活相談サービスを提供	外部	０～数十万円（敷・礼金）	約10万～25万円
	軽費老人ホーム（自立型ケアハウス）	自立生活に不安があり、家族の援助が困難な人	なし	０～数百万円	約８万～20万円
	シルバーハウジング	バリアフリー仕様の公営の賃貸住宅。60歳以上	外部	敷金	約１万～13万円
	養護老人ホーム	65歳以上の自立した人。生活保護世帯など	―	不要	約０～８万円

（筆者作成。費用は条件により異なるため、あくまでも目安です）

5-2 介護老人福祉施設はいくらかかる？

介護老人福祉施設（特養）にかかる費用とは

４つの介護保険施設のうち、介護老人福祉施設を中心に費用面を見てみます。介護老人福祉施設に入居するときは、一時金などはかかりません。毎月の費用としては、施設サービス費（所得によって１～３割の自己負担）と居住費、食費、日常生活費がかかります。

参考までに、要介護５で、施設サービス費が１割負担の人の費用例を右ページ表に示しています。ユニット型個室とは食堂・リビングなど共同スペースを備えた完全個室で、このタイプの部屋を利用する場合は、約14万円かかります。多床室は１室２床以上の相部屋で、この場合は約10万円です。

特定入所者介護サービス費とは

右ページの例では、居住費と食費は「基準額」で計算されています。居住費や食費は、本来は全額自己負担ですが、低所得・低資産の人の場合は、段階に応じて限度額が定められています。限度額を超えた分は、「特定入所者介護サービス費」として給付されます。

限度額は表のとおりで、第１～３段階に該当する場合は、市区町村に申請して軽減を受けることができます。ただし、遺族年金や障害年金も所得としてカウントされるほか、預貯金等の金融資産が夫婦で2,000万円超、単身1,000万円超だと対象外です。夫婦で世帯分離をしても、配偶者が住民税課税の場合は軽減は受けられません。

この軽減制度は、介護老人保健施設、介護療養型医療施設、ショートステイ入所者にも共通です。

参考データ

月利用料の平均は、介護老人福祉施設75,855円、介護老人保健施設86,594円、介護療養型医療施設92,983円（2016年９月）。

◎介護老人福祉施設（特養）の例◎

居室タイプ	ユニット型個室／要介護５	多床室／要介護５
施設サービス費（１割の例）	約27,500円	約25,000円
居住費	約60,000円（1,970円／日）	約25,200円（840円／日）
食費	約42,000円（1,380円／日）	約42,000円（1,380円／日）
日常生活費（施設で異なる）	約10,000円	約10,000円
合計	約139,500円	約102,200円

（厚生労働省サイトより）

◎特定入所者介護サービス費◎

（　）は介護老人保健施設、介護療養型医療施設

区分			基準費用（日額）	負担限度（日額）		
				第１段階	第2段階	第3段階
居住費	ユニット型個室	共同スペース＋完全個室	1,970円	820円	820円	1,310円
	ユニット型個室的多床室	共同スペース＋準個室	1,640円	490円	490円	1,310円
	従来型個室	完全個室	1,150円（1,640円）	320円（490円）	420円（490円）	820円（1,310円）
	多床室	１室２床以上の相部屋	840円（370円）	0円	370円	370円
食費			1,380円	300円	390円	650円

第１段階：生活保護受給者や世帯全員が住民税非課税の老齢福祉年金受給者
第２段階：世帯全員が住民税非課税で、前年の合計所得金額と老齢年金、障害年金、遺族年金の合計が80万円以下
第３段階：世帯全員が住民税非課税で、第１・２段階以外
（かつ、預貯金等が夫婦で2,000万円以下、単身で1,000万円以下）

5-3 有料老人ホームの種類と費用

有料老人ホームの種類

有料老人ホームは、食事の提供、介護（入浴・排泄・食事介助）、家事（洗濯・掃除等）、健康管理のいずれか、または複合して提供する施設です。社会福祉法人等や民間でも設置できます。「介護付き」は「特定施設入居者生活介護」の対象になっています。

【有料老人ホーム・住宅型】

60歳以上の元気な人が入居でき、家事負担などを減らして暮らせます。介護サービスを受ける場合は、外部の事業者を利用。介護付き有料老人ホームに比べ入居一時金は低めですが、介護が重度化するにつれ、費用負担が増えます。

【介護付き有料老人ホーム・入居時自立型】

60歳以上で、「自立」の状態で入り、将来、要介護状態になったときはホームの介護スタッフにより24時間の介護サービスを受けることができます。要介護になっても同じ部屋で介護を受けることができます。

【介護付き有料老人ホーム・介護型】

介護・看護スタッフ等が常駐していて、介護保険を利用した介護サービスを24時間受けることができます。重度の要介護状態でも利用でき、施設によっては「看取り」まで可能なところもあります。サービスが手厚くなるほど、費用も高額になります。医療法人が経営する医療対応型の介護付き有料老人ホームもあります。

費用には幅がある

有料老人ホームの費用は、「入居一時金＋月払い費用」です。大きく分けると、入居一時金型、月払い型、併用型があります。入居一時金型は、想定入居期間の家賃相当分を入居一時金で前払いする

◎介護付き有料老人ホームの費用◎

入居一時金
（0～数千万円）

（＊）入居一時金は5～10年の均等償却をしている有料老人ホームが多いようです。途中で退所すると未償却分が返還されます。

＋

月払い費用
（15万～30万円）

- 家賃（全額一時払いの場合は不要）
- 管理費
- 介護サービス費
- 食費
- 水道光熱費
- その他（保険適用外のサービス費、おむつ代、医療費、理美容費など）

もので、月払い型は入居一時金がなく、家賃相当分も月払いで支払います。併用型は家賃相当分の一部を前払い金として支払い、残りを月額に上乗せして支払います。

月払い費用の内訳は、家賃（全額一時払いの場合は不要）、管理費、介護サービス費（1～3割の自己負担分。介護サービスが手厚いほど加算も）、食費、水道光熱費、その他（保険適用外のサービス費、おむつ代、医療費、理美容費など）。同じ有料老人ホームでも、入居一時金型、月払い型、併用型の料金体系を用意しているところもあります。

有料老人ホームは、グレードも料金も幅があります。情報はネットでも検索できるので、一度チェックしてみると実感できます。

あらかじめやっておこう！

追加で支払わなくてはいけないものや、途中で退所した場合の入居一時金の返金ルールなど、入居前に必ず確認しましょう。

5-4 その他の介護付き施設の概要

これまで見てきた介護保険４施設や介護付き有料老人ホーム以外にも、以下のような介護サービスを利用できる施設があります。

認知症対応型共同生活介護（グループホーム）

要支援２以上の認知症高齢者が利用できます。少人数（１ユニット５～９人、１施設３ユニットまで）で落ち着いた雰囲気のなかで家族のように共同生活を送ります。グループホームの職員の介助を受けながら、それぞれができる範囲で買い物や食事の支度、掃除、洗濯などの家事を分担します。それによって、認知症の進行を遅らせます。医療サービスはなく、認知症が重度になると退去になる場合も。運営主体も社会福祉法人や民間等さまざまで、施設によって入居できる要件やかかる費用が異なります。

入居時の費用は０～数十万円で、月額費用の目安は10万～25万円程度。月額費用は、介護サービス費（自己負担１～３割）、居住費、食費、共益費（光熱水費、施設管理費）、その他（おむつ代、理美容費、医療費など）。地域密着型サービスのため、利用できるのは住民票のある自治体のみです。

サービス付き高齢者向け住宅（介護対応型）

自立から介護度が低めな60歳以上の高齢者向けの賃貸住宅で、バリアフリー設備が整い、見守りサービスと生活相談サービスが付いています。床面積は原則25㎡以上で、食事サービスや生活支援サービス（清掃、洗濯など）を提供しているところも。外部と契約すれば介護サービスを受けることもできます。介護サービス事業所が併設された介護対応型の施設もあります。

入居時は無料か、かかっても敷金・礼金として数十万円程度。月額費用の目安は約15万～30万円程度。内訳は、家賃、共益費（光熱水費、施設維持管理費など）、基本サービス料（日中の見守りサー

◎入居時の要介護度から施設を選ぶと…◎

入居時	認知症での入居	施設の種類
自立～	○	サービス付き高齢者向け住宅（介護付き）
要支援1～	○	介護付き有料老人ホーム介護型
	○	軽費老人ホーム（介護型ケアハウス）
要支援2～	◎	グループホーム
要介護1～	◎	介護老人保健施設
	◎	介護医療院
	◎	介護療養型医療施設
要介護3～	◎	介護老人福祉施設（特別養護老人ホーム）

ビス、生活相談サービス）、食費、その他生活費（理美容費、医療費など）。内容によって、生活支援サービスの費用や、介護サービス費（1～3割）がかかります。

軽費老人ホーム（介護型ケアハウス）

軽費老人ホームは、低額で利用できる福祉施設です。家庭環境、住宅事情等で在宅での生活が難しい60歳以上の高齢者に対し、生活相談、食事を提供しています。

バリアフリー仕様で要支援1以上の認定を受けた高齢者が利用できるのがケアハウスで、なかでも、「特定施設入居者生活介護」の指定を受け、外部サービスを活用した介護サービスを受けられるのが介護型ケアハウスです。申込みは他県でも可能ですが、住民票のある人を優先する自治体も多いようです。

入居時の一時金はかからないか、施設によっては費用を前払いできるところもあり、その場合は数百万円かかるところも。月々の費用は居住費、サービス提供費（事務費）、食費、介護サービス費などで、約10万～25万円程度。

5-5 「自立」や「要支援」で利用できる高齢者向け賃貸住宅

介護サービスが必要ない「自立」や「要支援」の状態で利用できる高齢者向け施設があります。老親が１人になったときには、バリアフリー化された見守りなどがある部屋だと、離れて暮らす子供側も安心です。それまでの暮らしを希望する場合は難しいですが…。

なお、ここで紹介する施設・住宅のほか、112ページで紹介した有料老人ホーム・住宅型も候補となります。ただし、養護老人ホームは役所の「措置」で入る施設のため、選択の余地はありません。

サービス付き高齢者向け住宅

自立から介護度が低めな60歳以上の高齢者向けの賃貸住宅で、部屋はバリアフリー化され、見守りサービスと生活相談サービスが付いています。原則25㎡以上と広めで、食事サービスや生活支援サービス（清掃、洗濯など）を提供しているところもあります。

費用としては、入居時は無料か敷金・礼金程度。月額費用の目安は約10万～25万円程度。

軽費老人ホーム（自立型ケアハウス）

軽費老人ホームは身寄りがないなど、自宅での生活が困難な人向けの福祉施設です。現在は、食事の提供や生活支援がある「Ａ型」と、自炊を原則とする「Ｂ型」もありますが、今後はケアハウスに統一されることになっています。

自立型ケアハウスは低額で利用できるバリアフリー仕様の高齢者向け施設で、要支援１以上の高齢者に生活相談や食事が提供されています。入居時の一時金はかからないか、施設によっては数百万円かかるところも。月々の費用は所得によって約８万～20万円程度。

シルバーハウジング

高齢者向けの公的な賃貸住宅です。公営住宅やＵＲ都市再生機構賃貸住宅などの公共賃貸住宅の一部の部屋をバリアフリー化したもので、「生活援助員」がいて、生活相談や緊急時対応などのサービスを提供してくれる施設です。食事の提供などはありません。

対象は60歳以上の単身者で、夫婦での利用も可能です。入居時は敷金がかかり、月々は所得に応じて約１万〜13万円程度。

養護老人ホーム

養護老人ホームは、身寄りがなかったり経済的・環境的な理由で自宅での生活が困難な65歳以上を対象にした公的住宅です。市町村や社会福祉法人が設置・運営しています。職員も配置されていて、社会復帰の促進や自立した生活を送れるよう必要な指導や訓練等を行なっています。ホームへの入所は自治体による「措置」のため、施設を選択する余地はありません。要介護になったときは、入所者が介護保険の居宅サービスを利用することも可能です。

ここに注意！

施設なら見守りもあって安心…とは思っても、無理強いはできません。親の決断を尊重しましょう。

ミニコラム　有料老人ホームが倒産したら？

有料老人ホームは民間が運営する以上、倒産リスクもあります。入居した有料老人ホームが倒産したときは、多くの場合、他の運営会社に引き継がれるため、入居者が行き場を失うことはありません。ただし、サービスの低下や料金アップなどは考えられます。また、財務状況が悪かったり、施設が老朽化していて引き継いでもらえない場合は、最悪の事態もあり得ます。

ちなみに、2006年４月以降に開設された有料老人ホームについては入居一時金の保全が義務づけられています（上限500万円）。保険その他の方法できちんと措置をとっているか、重要事項説明書などで確認しましょう。

5-6 希望に合う高齢者施設を探そう

施設を絞り込むための４つのポイント

施設選びの際には、入居する親の経済状況や要介護度をはじめ、いくつかの条件で絞り込む必要があります。そのポイントは以下の４つです。

①場所はどうする？

もともと、親と同居・近居であれば実家近くで探すことになるのでしょうが、長らく親子が離れて暮らしていた場合、親の介護施設の場所をどこにするかは悩ましい問題です。施設介護でできるだけ顔を見せに行きたいので、子供の側からすれば自分たちの近くのほうが助かるというのは正直なところ。とはいえ、親自身の希望や親戚の意向などもあるでしょうから検討が必要です。親の住まいと子供の住まいの両方を候補として施設探しをする手もあります。

②予算は？

入居一時金や毎月の費用はどれくらいまで出せるでしょう。年金や入っている介護保険からの給付のほか、金融資産、住宅があればそれを活用して得られる資金（☞６章）などを含めて検討しましょう。資金ショートすることがないよう、10～20年間の持続性を確認したいもの。資産も年金も少なく、予算を最小にしたい場合は、その条件で施設を絞り込むことができます。

③要介護レベルや認知症は？

現在の親の要介護度はどれくらいでしょう。自立や要支援でしょうか。要介護１以上あるいは３以上でしょうか。また、認知症の有無や状況は？　医療的な処置も必要でしょうか？　こうした状況から施設を絞り込むことも可能です。

④希望の施設種別は？

「介護老人福祉施設（特養）に入りたい」「有料老人ホームがいい」

など、施設のタイプから絞り込むのも手です。ただし、特養は入居者数と同程度のウエイティングがあり、なかなかすぐには入れません。

さらに絞り込むためのチェックポイント

上記であらかた施設種類を絞り込むことができたと思いますが、さらに細かく施設をチェックするためのポイントを見ていきましょう。選択肢が多い、有料老人ホームやサービス付き高齢者向け住宅などを絞り込む際にも役立ちます。

①**設備**…浴室の設備や食堂、リハビリ施設、レジャー設備など、希望に合う内容でしょうか。

②**見守り**…人が訪ねて来て確認するのか、センサーなどを活用するのか、併用か、について確認しましょう。

③**介護サービス**…24時間365日受けられるか、在宅同様の居宅サービスか？　施設は「特定施設入居者生活介護」の対象か？

④**医療処置**…施設に看護師が常駐するなど、投薬管理や医療的な処置も受けられるか？

⑤**食事**…食事の提供はあるか？　高血圧や糖尿病など病気に合わせた食事にしてもらえるか？　味が合うかなど入居前体験で確認を。

⑥**看取り**…体制がある施設でしょうか。また、条件なども確認を。

⑦**追加でかかる費用**…オプションであったり、要介護度が進んだときに増える費用などを確認しましょう。

⑧**雰囲気**…スタッフの対応はどうか、他の入居者とうまくやっていけそうかなど、必ず宿泊体験をして確認しましょう。

⑨**退所**…退所させられる条件などがあれば確認しておきましょう。

⑩**経営状態**…施設や経営母体の財務状況なども確認を。民間の場合は倒産時の一時金の保証がされているかも確認しましょう。

ここに注意！

施設入居後も親を訪ね、サービスの内容や見学、体験入居をして、安心して親をお願いできるかどうか、確かめることも大切。

知っ得コラム

介護老人福祉施設の“つなぎ”で有料老人ホームへ

介護施設として最も利用者が多い介護老人福祉施設（特養）ですが、現在、入居者と同じくらいの数のウエイティングがあります。

介護老人福祉施設は原則、要介護３以上で申し込めるものの、実際に入れるのは介護度のほか介護者がいないなど緊急度によります。複数の申込みも可能です。

もし、親が重度の要介護状態で施設介護を希望しているけれど、介護老人福祉施設に空きがないときはどうしたらいいのでしょう？

かつて、老人保健施設を３か月ごとに移る「老健渡り」が問題になり、現在はＮＧとされています（罰則はないですが）。

経済的にゆとりがある人は、介護付き有料老人ホームなどを選ぶ方法もあります。しかし、資金的な問題から介護老人福祉施設を希望する場合は、いったん“つなぎ”として介護付き有料老人ホーム等に入り、空きが出るのを待つ方法があります。

その場合は、一時金がなく毎月の負担だけの支払い方を選びましょう。入ろうと考えている特養と同じ事業主の有料老人ホームであれば、早めに特養に入れてもらえる可能性も…。

6章

介護のためのお金はどうつくる？

この章のキーワード

6-1 「親の介護費は親の資産でまかなう」が原則

データでも「自分で備える」が増えている！

内閣府「高齢者の健康に関する意識調査」（平成29年）によると、介護が必要になった場合の費用負担に関するアンケートの結果（60歳以上の回答のみ）を、多い順に見ていくと次のとおりです。

1．「年金等の収入でまかなう」…63.7％
2．「貯蓄でまかなう」…20.5％
3．「特に考えていない」…8.1％
4．「収入や貯蓄ではまかなえないが、資産を売却するなどして自分でまかなう」…4.0％
5．「子などの家族・親戚からの経済的な援助を受けることになると思う」…3.2％

自力でどうにかするという人が９割近くを占めています（1、2、4）。この割合は、前回調査（平成24年）と比べると１割近くも増え、「介護費用は自分で出す」という意識が高まってきたようです。

逆に、「子などの家族・親戚からの経済的な援助を受けることになると思う」という割合は、４年前に比べ減りました。

介護費用の準備法は？

必要となる介護資金は、どのような介護を前提にするかでまったく異なりますが、最低でも１人につき「500万円」程度は１つの目安として準備をしておいてもらってはいかがでしょう。

たとえば、500万円を預金口座に入れて、通帳に「介護用」と書いて用意するのも１つの方法。医療用の予備費と一緒に入れておくのもいいでしょう（☞48、154ページ）。老後資金を考える際に、別途、介護資金もしっかり見込んでおいてもらうことが大事です。

ただし、有料老人ホームを予定している人の場合、これでは足りません。入居を検討している施設を調べたうえで準備しましょう。

◎介護にかかる費用は？◎

【過去３年間に介護経験のある人へのアンケート】

要介護になったときに、「一時的な費用」（住宅リフォームや介護施設への入居金など）は69.2万円、「毎月かかる費用」7.8万円、「介護が必要となる期間」は平均４年７か月（54.5か月）で、単純計算すると総額で494.3万円。ほぼ500万円となります。

初期費用 69.2万円 ＋ 月7.8万円 × 54.5か月 ＝ 494.3万円

（生命保険文化センター「生命保険に関する実態調査」（平成30年）より）

終身保険や養老保険に入っているならそれを解約して充てたり、介護保険や認知症保険で備えることも可能です。また、持ち家の人なら、住宅を売却して資金を捻出したり、自宅に住みながら自宅を担保に資金を借りる「リバースモーゲージ」等を活用する方法もあります（条件が合う場合に限る）。

ここに注意！

介護資金は子供に頼ろうと考えている親もいます。子供の側も心づもりが必要なので、事前に話し合っておくことも大事ですね。

2025年問題は始まりに過ぎない!?

人口の厚い団塊の世代（約800万人）が「後期高齢者」（75歳以上）になり、「大介護時代」に突入するのが「2025年問題」です。日本人の５人に１人が75歳以上になります。介護給付費も、2018年度10.7兆円（医療を含め約50兆円）が、2025年には14.6兆円（同約63兆円）に拡大すると推計されています（経済財政諮問会議資料、2018年）。

でも、本当に深刻なのは、高齢者の人口がピークを迎える2040年頃。介護給付費も2040年には24.6兆円（医療を含め約94兆円）まで肥大化するとみられています。今後は、社会保障費の増大を抑えるために、医療・介護の保険料アップや利用者の負担増、サービスの縮小なども覚悟しておく必要がありそうです。

6-2 民間の介護保険・認知症保険で資金を捻出

民間の介護保険

介護に備えて、民間の介護保険に入ってもらう方法があります。貯蓄を取り崩すよりも、保険でおりた分を使うほうが使いやすい、という高齢者には向くでしょう。

他の保険に特約で付いているものもあるので、親の保険を確認しておきましょう。民間の介護保険は、所定の要介護状態となったときに、介護一時金や介護年金が受け取れるものがほとんどです。

介護一時金は、住まいのバリアフリー化の工事（住宅改修費の対象、98ページ）や、車いす・介護ベッド・ポータブルトイレをはじめ介護用品を購入する際の費用の一部に充てることもできます（特定福祉用具購入費の対象、98ページ）。

介護年金は、月々の介護費用に充てることができます。介護年金は、支払い要件を満たす限り終身で支払われるものが主流です。

商品によっては、死亡保障が付いているものや、一定年齢まで介護にならずに迎えたときに健康祝金が出たり、要介護状態から回復時に祝金が出るといったオプションもあります。また、終身保険がベースで、介護一時金や介護年金を払い出すと、その分、死亡保障が減っていくタイプもあります。

保障の対象となる要介護状態も、公的介護保険に連動するものと、保険会社独自の基準を設けているものとがあります。何日その症状が続けば保障が受けられるかという「フランチャイズ期間」はかつては180日が多かったのですが、最近はないものも増えています。所定の要介護状態になると、保険料が免除される商品もあります。

認知症保険

近年、注目されてきた認知症保険は、介護保険の一種で、認知症に対する保障に限定した保険・特約を指します。初めて認知症と確

◎介護保険・認知症保険を検討する際はココをチェック◎

- ☑ 給付要件は？（「所定の状態」とはどのような内容か）
- ☑ 給付額は？（一時金はいくら？　年金はいつまで支給？）
- ☑ 保険期間は？（終身が理想ですね）
- ☑ 保険料は？（いくらでいつまで払う？　払込免除はある？）
- ☑ 他の保険とダブりは？（他の保険に介護特約が付いている場合はダブってしまうことも）

定診断されるなど支払い要件に該当すると一時金が支払われます。年金が支払われる商品もあります。

支払い要件は商品で異なり、認知症と診断されてからのフランチャイズ期間は180日のものと、ないものとがあります。また、認知症と診断されただけでなく、要介護１以上と認定されないと給付されない商品もあります。一方で、軽度認知障害（ＭＣＩ）と診断された場合に**軽度認知障害一時金**が受け取れる商品もあります。契約から一定期間は一時金の額が抑えられる商品もあります。

◎介護保険・認知症保険の商品例◎

種　類	商品名	保険会社
介護保険	あんしん介護	朝日生命
	介護のささえ	明治安田生命
	（特約）新・健康のお守り介護一時金特約	損保ジャパン日本興亜ひまわり生命
認知症保険	笑顔を守る認知症保険	〃
	ひまわり認知症予防保険	太陽生命
	（特約）Flexi S 終身認知症診断一時金特約	メットライフ生命

ここに注意！

より保障が広い介護保険を選ぶか、認知症の保障が充実している認知症保険を選ぶか、自家保険を選ぶかは、よく検討を！

6-3 自宅を売却して介護資金や有料老人ホームの入居金を捻出

資産が不動産中心の場合は…

不足する介護資金を捻出するときには、自宅を売却して現金化する方法があります。家を売却するきっかけとして多いのは、入居一時金がかかる有料老人ホームなど高齢者施設へ入居する際でしょう。

まだ問題に直面していなくても、介護が必要になったときなどに売却すると決めているのであれば、家族信託（☞152ページ）のしくみを利用するか、判断能力があるうちに売却し現金化しておくのも一法です。脳出血や認知症の進行などで判断能力がなくなると、本人名義の住宅を売却することは困難になります。成年後見人を指定して、家庭裁判所から売却の許可を得て…というと、時間がかかって施設入居に間に合わない場合もあり得ます。

ただし、介護状態になって急な売却に走ると、安くたたかれる可能性もあるので注意しましょう。売却には、転勤などで人が移動しやすい時期などもあるため、ある程度の時間をかけて売却することも、少しでも高く売るためには重要です。

売却はどこに依頼する？

実際に住宅を売却する際には、通常、物件情報を「レインズ」(不動産情報ネットワーク）と呼ばれる不動産会社専用のサイトに登録し、どの規模の不動産会社に依頼した場合でも広く募集を行ないます。そのため、会社の規模による優劣は特にないといわれます。

しかし、「大手のほうが安心感があって信用できる」「中小は地域に根差していてきめ細かく対応してくれる」など、人によって好みが分かれるところかもしれません。

何社かに査定を依頼して、高額査定を出してきても、それで売れるとは限りません。最後は担当者の人柄や経験、仕事ぶりで満足度が変わるように思います。

◎不動産の売却にかかるコスト◎

【仲介手数料】
不動産売却価格の３％＋６万円＋消費税。売却を依頼する不動産会社に支払う手数料。

【印紙税】
金額に応じた額の収入印紙を不動産売買契約書に貼り、割印を押します。1,000万円超5,000万円以下で１万円など。

【登記費用】
不動産を売却して「所有権移転登記」を行なう場合、登記費用は買主が負担するため、売主の負担はありません。ただし、住宅ローンが残っていて「抵当権抹消登記」を行なう場合は登記費用がかかります。

【ハウスクリーニング費】
広さや依頼する人数によっても異なりますが、５万～15万円程度。自分たちで掃除ができれば無料ですみます。

【引越費用】
業者や荷物の量、移動距離、サービス内容で異なります。数万円から数十万円まであります。

ここに注意！

売却後の住まいはどうするのか？　についてしっかり考えておく必要があります。子どもの家に身を寄せるのか、サービス付き高齢者向け住宅等に入るのか、賃貸住宅を借りるのか、そのあたりも含めて売却プランを考える必要があります。

6-4 住みながら介護費を借りる「リバースモーゲージ」

リバースモーゲージとは？

自宅に住み続けながら、自宅を担保にして一時金や月々の生活費を借りられるしくみが「**リバースモーゲージ**」です。金融機関の一部で扱っています。

利用できる年齢は、55～65歳以上などと高めです。物件種類や築年数等の条件があるものの、リバースモーゲージが利用できれば、高齢世帯にとっては助かる制度といえます（東京スター銀行によると、新規利用者は70歳前後が多いそうです）。

借り入れには主に３つのプランがあり、毎月（または毎年）一定額の融資を受ける「**年金型**」、一時金としてまとまった金額を一括して借りる「**一括融資型**」、必要なタイミングで借りる「**枠内自由引出型**」があり、金融機関によって異なります。

配偶者が要介護状態になって介護資金が必要になった人のほか、定年後、住宅ローンの返済から解放されたい人、夫婦の一方が高齢者施設に入り、一方が自宅に残る場合に、高齢者施設の費用をまかないたい人に向いています。

20年などあらかじめ設定した契約期間が満了したり、利用者が亡くなったときに、自宅を売却して返済をします。返済後に残金があれば遺族に支払われますが、逆に、売却しても残債がある場合は遺族に請求がいきます（リコースタイプ）。最近は、残債があっても請求されないノンリコースタイプもあります。

リバースモーゲージの注意点

- 金融機関によって、エリアや不動産の種類、築年数、最低評価額が決められている
- 不動産の評価額は定期的に見直され、限度額も変動する
- 利用するには相続人全員の同意がないと利用できない

◎リバースモーゲージの利用条件等◎

【人の条件】（金融機関で異なります）

- 本人の年齢制限がある（例：55歳、60歳、65歳以上など）
- 配偶者に年齢制限がある場合もある
- 本人の年収に最低額が設定されていることもある（例：120万円以上など）
- **契約時に判断能力がある**
- 相続人が確定できる

【物件の条件】（金融機関で異なります）

- 所定の地域で、土地評価額が一定以上（例：2,000万円以上など）の一戸建て
- マンションが可能な場合は、地域や築年数、広さ、金額の条件も（例：100歳時点で築45年以内、50㎡以上、5,000万円以上など）
- 単身のみ、夫婦のみの居住であること
- 自己または配偶者名義の物件であること
- 借地・借家は対象外

【その他】

- 連帯保証人が必要な場合もある。また、住宅ローンの残債がある場合でも、借り換えという形で利用できるところもある

いずれにしても、要件等は商品によって異なるので、わが家がリバースモーゲージの対象になるかどうか、金融機関等で確認しておきましょう。

ここに注意！

自宅はリバースモーゲージが利用できる物件かどうか、あらかじめ確認しておきましょう。

6-5 公的なリバースモーゲージ「不動産担保型生活資金」

「不動産担保型生活資金」とは？

「不動産担保型生活資金」とは、福祉サービスの一環として行なわれている、低所得の高齢者を対象とする貸付制度です。

自宅に住み続けることを希望する高齢者世帯が、不動産を担保に生活資金を借りることができる制度です。制度の実施主体は都道府県の社会福祉協議会です。

東京都社会福祉協議会の例では、65歳以上の住民税非課税世帯または均等割のみ課税世帯が対象で、なおかつ、土地の評価額がおおむね1,500万円以上の一戸建てが対象です（ただし、貸付月額によっては1.000万円でも対象となる場合があります）。

単身または夫婦のみ、またはその親・義理の親と居住していることが条件です。

融資額は、土地評価額の70％までで、月30万円以内。設定した月額分は３か月ごとに支払われます。借入の目的は生活資金で、金利は年３％または長期プライムレートのいずれか低い利率です。

借受人が亡くなるか、貸付元利金が貸付限度額に達するまでは、継続的に貸付を受けることができます。貸付限度額に達した場合、貸付は停止しても、亡くなるまで住み続けることができます。ただし、推定相続人から１人の連帯保証人が必要なのと、推定相続人の同意も必要です。

貸付期間中、３年ごとに土地の再評価がなされます。また、借入者が亡くなるなどで契約終了後は、担保不動産を売却するなどで貸付元利金を一括返済します。

民間のリバースモーゲージとはどこが違う？

民間のリバースモーゲージとの違いは、次のような点です。

- 対象が「低所得の高齢者」

◎不動産担保型生活資金の概要◎

対象者	●本人が65歳以上 ●市町村税非課税世帯または均等割課税世帯程度の低所得世帯
対象物件	●一戸建て（土地評価額がおおむね1,500万円以上） ●マンション、借地借家は対象外 （＊）単身か夫婦のみ、またはその親・義理の親と居住
融資額	●居住用不動産（土地）の評価額の70% ●月30万円以内（原則３か月ごとの支払い）
資金使途	生活資金
金利	年３%または長期プライムレートのいずれか低い利率
貸付期間	借受人が死亡時まで、または貸付元利金が貸付限度額に達するまで
連帯保証人	要（推定相続人のなかから選任）
その他	推定相続人の同意が必要

（東京都社会福祉協議会の資料より筆者作成）

●不動産担保型生活資金は一戸建てのみ
●対象となる戸建ての土地の評価基準が低め
●資金使途は生活資金のみ

つまり、あくまでも福祉サービスの一環だということです。ただし、自治体によっては制度がないところもあるので、確認しておきましょう。

ここに注意！

申込みから貸付まで最低６か月かかることを知っておきましょう。

6-6 「ハウス・リースバック」という方法も

「ハウス・リースバック」とは？

最近、ＣＭなどで見かけることがある「**ハウス・リースバック**」。自宅をリースバック専門の不動産会社へ売却し、売却代金を受け取る一方で、買主にリース料（家賃）を支払って元の自宅に住み続けるしくみです。売却代金は一時金で受け取り、使用目的に制限はありません。

ハウス・リースバックは、通常の不動産売却と比べ、現金化までの時間が早く（早ければ２週間から20日程度）、しかも引越しが不要という点はメリットです。

夫婦の一方が急に介護施設へ入所することになったときなどに、介護資金不足を補う選択肢の１つにもなるでしょう。一時金で受け取れるので有料老人ホームの入居金等に充てることも可能です。

リバースモーゲージにも少し似ていますが、リバースモーゲージは不動産の所有者は本人で、自宅を担保にお金を借りるしくみであるのに対し、ハウス・リースバックでは自宅を売却するため、所有権はなくなります。手放した元の家を、家賃（リース料）を支払って借りている状態です。

ハウス・リースバックの注意点

住宅ローンが残っている場合は、自宅を売却した価額がローン残額より大きくないと利用できません。

また、売却価額は相場よりもやや低めで、買い戻す際は通常、売却価額よりも高くなります。

さらに、毎月の家賃（リース料）は、相場よりもやや高めになる場合もあります。そのほか、エリアや対象物件などに条件があり、その条件に該当しないと利用できません。

リースバック会社はたくさんあるものの、内容はそれぞれ異なり

◎ハウス・リースバックの概要◎

サービスの提供	リースバック会社
しくみ	自宅をリースバック会社へ売却する一方、期間を設定してリース契約を結び、買主にリース料を支払って自宅に住み続ける
不動産の所有者	リースバック会社
対象者の年齢	特になし
対象物件	物件の評価額が「500万円以上」「4,000万円以上」などと設定されている会社も

ます。親の急な介護費用などで、実際に利用を検討する際には、複数の見積もり（査定）をとって比較し、できるだけ条件がよいものを選びましょう。細部が各社で異なるので、気をつけましょう。

ここに注意！

当面の資金を緊急に捻出する方法として候補になるかもしれませんが、売却額は相場より低めで家賃は高めになる点はお忘れなく！

6-7 ＪＴＩの「マイホーム借り上げ制度」を活用する

「マイホーム借り上げ制度」とは？

自宅を活用した老後資金・介護資金づくりの１つの方法として、一般社団法人移住・住みかえ支援機構（ＪＴＩ）の「**マイホーム借り上げ制度**」もあります。親が介護施設に入った後の空家を活用する方法にもなります。

この制度を利用すると、50歳以上の人のマイホームをＪＴＩが借り上げて、子育て世帯等に貸し出します。国の基金によるサポートがあり、安定した家賃収入が保証されるしくみです。

ＪＴＩは協賛企業等からの基金や所定の収益で運営されていますが、万が一の場合に備え、国の予算で高齢者住宅財団に債務保証基金が設定されていて、基金の登録事業者になっています。

これによって、自宅を売却することなく、住みかえや老後資金・介護資金として得られる家賃収入を活用することができます。

ＪＴＩが借り上げて貸し出すしくみのため、オーナーが入居者と直接関わることはありません。しかも、**１人目が入居した後は、空室が発生しても規定の家賃が保証**されます。住宅が賃貸可能な状態である限り、借り上げは継続されます。

空室時保証賃料は原則として毎年見直され、変更があった場合は書面でオーナーに通知されます。

ちなみに、この制度は**定期借家契約**であるため、入居者が居座ったり、立退き料を請求するようなことはありません。定期借家契約終了時には、自宅に戻すことも売却することも可能です。

また、必要があれば、賃料収入で返済するＪＴＩ提携ローンを利用することも可能です。賃料収入を担保にして提携ローンを利用し、高齢者住宅への住みかえの資金に充てることもできます。

◎マイホーム借り上げ制度のイメージ◎

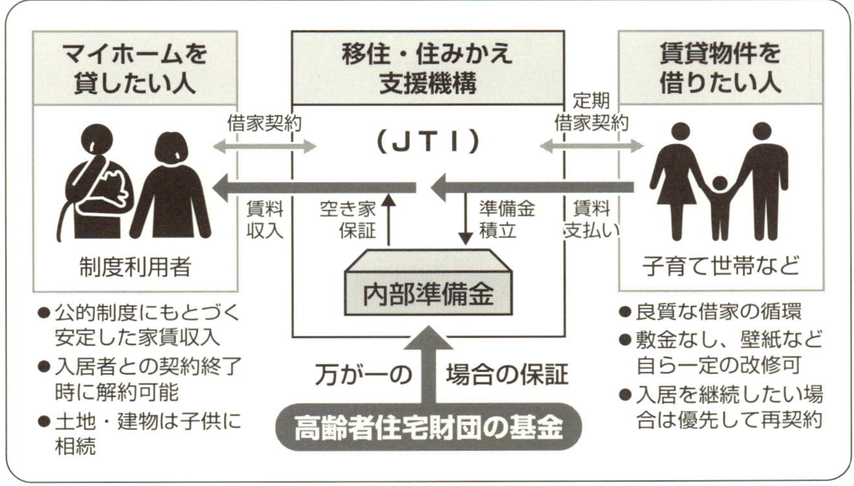

（移住・住みかえ支援機構サイトより）

契約形態は２種類

マイホーム借り上げ制度には、**終身型**と**期間指定型**の２つの契約形態があります。

「終身型」は、住宅が賃貸可能な状態である限り、オーナーと共同生活者の両方が亡くなるまで借り上げを受けられます。ただし、３年間の定期借家契約であるため、自宅を利用したくなった場合、期間満了時に入居者に退出してもらえば戻ることも可能です。

「期間指定型」は、「10年間だけ」などあらかじめ指定した期間での借り上げを受けることができます。期間中は、原則として中途解約はできません。

ここに注意！

家を貸して介護資金をつくりたいときには１つの選択肢で、不動産投資に詳しくなくても利用できます。しかし、思わぬコスト負担がある点に注意！

◎マイホーム借り上げ制度の概要◎

サービスの提供	一般社団法人移住・住みかえ支援機構（ＪＴＩ）
しくみ	ＪＴＩが借り上げて、子育て世帯等に貸し出す。国の基金によるサポートがあり、安定した家賃収入が保証されるしくみ
不動産の所有者	本人
利用できる人	日本に住む50歳以上の人や、海外に住む50歳以上の日本人と、それぞれの「共同生活者」１人。共同生活者は、配偶者や内縁関係、契約時に特定同居人として指定した人
対象物件	一戸建て、マンションとも可能で、現在住んでいるかどうかは問われない。事業用や、建築基準法違反の物件はＮＧ。土地は、借地権、定期借地権とも対象。ＪＴＩが指定する業者の建物診断をオーナーの負担で受けることが条件
手取り	賃料から15％（うち５％はＪＴＩの物件を管理する協賛事業者への管理費用、10％は空室時の保証準備積立とＪＴＩの運営費）を差し引いた額がオーナーの手取り

メリット	デメリット
●空室が発生しても賃料が保証 ●３年ごとに解約の機会がある ●オーナーは入居者と直接関わることはなく、家賃の未払いなどトラブルの心配がない ●家や土地を売却せずにすむ	●賃料は近隣より低め ●耐震基準を満たさない場合は、補強工事を行ない、別途、工事費がかかる場合がある ●入居者による一定のリフォームを認める必要がある

6-8 どうしようもない場合は生活保護を利用する

「生活保護」とは?

親世帯の収入も資産も少なく、生活費や介護費を子供世帯が支えなければならない状況になった場合、子供世帯に余裕があればサポートできますが、そうでなければ介護で親子が「共倒れ」になることもあります。

どうにもならない状況の場合、親世帯に生活保護を受けてもらう方法があります。同居をしていても、世帯分離(☞80ページ)をすることで親世帯のみ生活保護が認められる場合もあるようです。

生活保護は、「資産や能力等すべてを活用してもなお生活に困窮する人に対し、困窮の程度に応じて必要な保護を行ない、健康で文化的な最低限度の生活を保障し、その自立を助長する制度」です。

生活保護には8種類ありますが、要介護者のいる高齢世帯を前提とすると、次ページ表の5つが該当します。状況によって、住居費・生活費の扶助を受けられるほか、医療費や介護費は本人負担なく受けられます。実際に支給される保護費は、地域や世帯の状況で異なります。

自動車は原則として処分し、生活維持のために活用することになりますが、障害があって通院等に必要な場合は保有が認められることも。福祉事務所に相談してみましょう。

要件と申請は?

生活保護を受けるためには、次のような要件があります。

- 預貯金、住んでいない土地・家屋等は売却等して生活費に充てる
- 働くことが可能な人は能力に応じて働く
- 年金や手当など他の制度で給付が受けられる場合はそれらを活用
- 親族等から援助を受けられる場合は援助を受ける(保護に優先)

そのうえで、世帯収入が「最低生活費」に満たない場合に生活保

◎生活保護の種類と内容（高齢者世帯に関わるもの）◎

費　用	扶助の種類	支給内容
日常生活に必要な費用（食費・被服費・光熱費等）	生活扶助	基準額は、①食費等の個人的費用、②光熱水費等の世帯共通費用を合算して算出
アパート等の家賃	住宅扶助	定められた範囲内で実費を支給
医療サービスの費用	医療扶助	費用は直接、医療機関へ支払い（本人負担なし）
介護サービスの費用	介護扶助	費用は直接、介護事業者へ支払い（本人負担なし）
葬祭費用	葬祭扶助	定められた範囲内で実費を支給

（*）ほかに「出産扶助」や「教育扶助」「生業扶助」がある。

（厚生労働省サイトより）

護が適用されます。最低生活費から収入を引いた差額が保護費です。

相談・申請は、親が住む地域の福祉事務所で行ないます。生活保護を申請すると、資産（預貯金、保険、不動産）や年金等、就労収入、扶養義務者による扶養（仕送り等の援助）の可否、就労の可能性などが調査されるほか、生活状況等を把握するための家庭訪問等も行なわれます。

「扶養義務者」とは、夫婦、直系血族（親、子、祖父母、孫）、兄弟姉妹等です。援助確認の電話が来たり、書類が届きますが、余裕がなければ、できないものは「できない」と回答しましょう。

ここに注意！

経済的に行き詰まったときは、親と一緒に福祉事務所へ相談に行きましょう。

7章

書き込み式で整理！
親が倒れる前にやっておく９つのこと

この章のキーワード

7-1 親の看護・介護に対する希望を聞く

不安感が拡大しないうちに手を打っておく

親が倒れること、要介護状態になることは、子供世帯にとっては経済的負担を伴うリスクともいえます。家族間においてはデリケートな問題でもあり、なかなか話題にしにくいですが、手を打たずにいるといつまでもリスクとしてのしかかり、不安感を拡大します。

どこかの段階で、家族で腹を割って話すことで共通認識を持ち、あらかじめできることは準備をし、不安感を和らげるようにしましょう。不安を感じているのは子供世帯だけでなく、親世帯にとっても同じこと。「まだ親が60代だし」「70代でも元気だし」ではなく、「元気なときだからこそ」、もしも要看護・要介護状態になったときのことを話し合っておきたいものです。

といっても、何から始めたらよいかわからないという人もいるでしょう。そのため、「**ヒアリングシート**」を作成したので、まずは親から本当のところの希望を聞いてみましょう。

もちろん、子供の側がそれに100%応えられるわけではないことも宣言しておきましょう。でも、方向性が決まって準備を進めておけば、漠然とした不安感は払拭できるのでは？

ヒアリングシートで確認を

141、142ページが、親のニーズを確認しておきたい項目です。老後の住まいや医療に関すること、介護に関することに分かれています。考えは変わるという前提で、いまの気持ちをざっくり答えてもらうようにしましょう。深刻になりすぎないことも大事です。

両親がそれぞれ異なる意見を持っていることもあります。その場合は、それぞれの希望を聞くようにしましょう。両親が１人になったときのほうが、子供たちが本格的に介護を担う可能性が高いからです。

ここに注意！

介護の希望について、本音を隠す親もいます。そのあたりも考慮しながら判断しましょう。

◎親のニーズを確認するヒアリングシート◎

（当てはまるものは☑をつけましょう）

【老後の住まい】

Q 体が弱ってきたとき、あるいは１人になったとき、住まいはどうしたい？

□ いまの家に住み続けたい

□ （　　　）夫婦と同居・近居したい

□ 有料老人ホームなどへの入所を考えている

□ その他（　　　　　　　　　　　　　　　　　　）

【病気に関して】

Q 病気で入院したとき、治療費などの準備はしてある？

□ 用意してある（　　　　　　万円）

□ 加入している民間の生命保険・医療保険でまかなうつもり

□ 特に用意していない。年金から支払う

□ 子供たちに支援してもらいたい

□ その他（　　　　　　　　　　　　　　　　　　）

Q 治らない病気のとき、病名や余命の告知は？

□ 希望する　　　□希望しない

□ その他（　　　　　　　　　　　　　　　　　　）

Q 延命治療はどうする？

□ 希望する　　　□希望しない　　　□家族に任せる

□その他（　　　　　　　　　　　　　　　　　　）

【介護に関して】

Q 介護が必要になったらどうする？

- □ 在宅介護を希望する
- □ 費用の安い施設へ入所を希望する
- □ 介護付き有料老人ホームに入りたい
- □ 認知症になったらグループホームに入りたい
- □ その他（　　　　　　　　　　　　　　　　　）

Q 在宅介護のときはどうする？

- □ 公的介護保険を活用し、家族にサポートを頼みたい
- □ 公的介護保険を活用し、(　　　　　)にサポートを頼みたい
- □ その他（　　　　　　　　　　　　　　　　　）

Q 在宅介護で重度（要介護４・５）になったときはどうする？

- □ 介護保険の施設などに入る
- □ 最後まで自宅でみてほしい
- □ 家族に判断をゆだねる
- □ その他（　　　　　　　　　　　　　　　　　）

Q 介護が必要になったときの費用はどうする？

- □ 用意してある（　　　　　万円くらい）
- □ 加入している民間の介護保険でまかなうつもり
- □ 自宅を売却して資金をつくる（☞126ページ）
- □ リバースモーゲージを使う（☞128ページ）
- □ 用意していない。年金で払える範囲でどうにかしたい
- □ 子供たちに支援してもらいたい
- □ その他（　　　　　　　　　　　　　　　　　）

Q その他、何か望むことは？

（　　　　　　　　　　　　　　　　　　　　　）

7-2 家族間でコンセンサスをとる

きょうだいで話し合い、時間をかけて調整を

親から要望などを聞く一方、子供側でも話し合いましょう。その際は、配偶者などの意見も聞いて、次の２点に注意すべきでしょう。

まず１つは、原則は**きょうだいで平等に負担**することです。家族構成や住んでいる場所、仕事の内容などで差はあるものの、介護に直接的に関わるのがムリなら、介護者の負担を軽減するために介護サービスの資金をサポートする、定期的に帰省して介護を交代するなど、負担を分ける方法はいくらでもあります。親が資産を残した場合、相続の割合を変えて介護者に報いるなどの方法もあります。

もう１つは、**状況の変化で流動的に対応**していくことも大事です。「私１人で介護します」などと宣言しても、自分や家族が病気になって叶わないこともあります。それに合わせて親に遺言書などを書いてもらっていた場合は、トラブルの元になりかねません。親子関係、配偶者との関係にも配慮しながらあり方を探りましょう。

きょうだい間の意見がまとまっても、親の希望どおりにならない場合もあるでしょう。しかし、「あらかじめ話し合っておく」ことに意味があると思います。意見の違いや、問題がどこにあるのかが把握でき、そうしたことを加味したうえで、準備もできるでしょう。

二男は、長男任せで何も考えないでいたり、長男のほうも距離的に近い二男夫婦に任せるつもりでいた、などという誤解も、話し合っておけば解消できるはずです。親にも「長男の嫁にみてもらう」という時代でないことも理解してもらいましょう。

あらかじめやっておこう！

意見がまとまらない場合は、無理にまとめる必要はないでしょう。ときどき話し合うことで時間をかけて歩み寄っていきましょう。

7-3 親の「健康ノート」を記入しよう

離れて暮らす子供には特に必要

親がもしも倒れたときなどに備えて、健康に関する記録をとっておきましょう。親自身に記入してもらってもいいですし、あるいは、親から聞いて子供の側で記入してもいいでしょう。両親それぞれの記録をとるのであれば、コピーして利用しましょう。

健康ノートは、特に離れて暮らす子供にとって非常に助かるものです。あるいは、近くに住んでいても、老親が急に倒れて意識がないときなどにもこの記録が重要な役割を果たします。元気なうちには必要ないものですが、もしもに備えるために、顔を合わせたときに、さりげなく聞いて記入しておきましょう。

ここに注意！

健康ノートは家族で共有し、親が倒れたときに救急隊員に渡せるように、コピーをどこかに貼っておくのもいいでしょう。

◎健康ノート◎

生年月日／血液型	年　　月　　日　／ 血液型　　型
アレルギー	□ なし　□ あり（　　　　　　）

■保険証など

健康保険証の種類・記号・番号	
介護保険証の番号	

■かかりつけの病院・医師

病院・電話番号	科・医師の名前
電話	科　　　　先生
電話	科　　　　先生

■病気の記録

いつ頃	入院・手術	内　容	経　過
	入院・手術		
	入院・手術		
	入院・手術		
	入院・手術		
	入院・手術		

■飲んでいる薬（お薬手帳のコピーを挟んでおくのも可）

薬　名	頻　度
	朝　昼　晩　　　錠
	朝　昼　晩　　　錠
	朝　昼　晩　　　錠
	朝　昼　晩　　　錠
	朝　昼　晩　　　錠

■飲んでいるサプリメントなど

種　類	頻　度
	朝　昼　晩　　　錠
	朝　昼　晩　　　錠
	朝　昼　晩　　　錠

7-4 親の保険リストを作成しよう

保険証券もきちんとファイリングしておこう

親が倒れて入院・手術となったとき、加入している保険があって、今回の入院・手術が請求できる内容であれば、請求の手続きを行なう必要があります。退院のめどがついた段階で、請求書類が手元にあれば、退院前に健康診断書などを医師に依頼することもでき、早めに請求手続きすることが可能です。

「医療費は保険でまかなう」という親もいますので、あらかじめ両親が入っている保険の概要を把握しておくことが大事です。そのため、親が加入している保険の概要を記入して、リストにしておくといいでしょう。

もしも、保険証券を見ても内容がよくわからないときは、再度、担当者にきてもらって、しっかり内容の説明を受けましょう。もしも不要な保険であれば、解約してしまうのも一法です。子供も同席して説明を受けましょう。

右ページのリストは２商品分のみですが、他にもある場合はコピーして利用してください。この保険リストは、父親、母親ごと作成しましょう。また、それと同時に、保険証券をファイリングしてわかるように整理しておきましょう。

なお、リストで整理するのは、生命保険や医療保険、がん保険、三大疾病保険、介護保険などです。かんぽ生命や共済などに入っている場合は、それらも忘れずに整理しましょう。

入院給付金の請求方法については42ページを参照してください。

ここに注意！

指定代理請求人（☞44ページ）を指定できる場合は、これを機に指定しておきましょう。

◎保険リスト◎

保険会社			
保険種類／商品名			
証券番号			
被保険者			
契約者			
受取人	死亡保険金		
	満期保険金		
指定代理請求人			
保険期間		終身・　年　月まで	終身・　年　月まで
保険料払込期間		終身・　年　月まで	終身・　年　月まで
満期年月日		なし・　年　月　日	なし・　年　月　日
保障内容	死亡保障	円 （終身・　年　月　日まで）	円 （終身・　年　月　日まで）
	入院保障	日額　円 （終身・　年　月　日まで）	日額　円 （終身・　年　月　日まで）
	手術給付金	円 （終身・　年　月　日まで）	円 （終身・　年　月　日まで）
	介護保障	要介護　で 一時金・年金　円 （終身・　年　月　日まで）	要介護　で 一時金・年金　円 （終身・　年　月　日まで）
	年金	年　月～＿＿年間・終身	年　月～＿＿年間・終身
	その他特約	（終身・　年　月　日まで）	（終身・　年　月　日まで）
営業所・代理店名			
担当者／電話			
保険請求時の電話			

7-5 もしものときの親用「エンディングシート」

親が元気なうちに聞いておこう

親が倒れても軽度ですぐに元気になってくれればいいですが、認知機能が損なわれて意思表示できなくなったり、そのまま亡くなるかもしれません。そうしたときに、親の意思がある程度明確になっていれば、家族が苦しい選択をする際の判断材料になります。

たとえば、尊厳死を希望するかどうか、亡くなった後に臓器提供や献体の希望があるかどうかや、葬儀について希望があるか（本人が生前に葬儀の予約をしていることもあります）など、最低限、共有しておくべきことだけでも確認しておくといいでしょう。

親が別途、**エンディングノート**を書いている場合はいいですが、なかなか「書けない」という人も少なくありません。右ページのように最低限の確認をしておきましょう。

ちなみに、右のエンディングシートには法的な効果はありません。単に、親自身の気持ちを伝えるものだということです。遺言書の有無についても聞いていますが、家族間の事情によっては有無すら明かしたくない場合もあるでしょうから、書かないのも一法です。

話題にしにくい内容ですが、最小限の項目だけは、親が元気なうちからヒアリングしたり、実際に記入してもらっておくといいでしょう。資産状況についても聞きたいところですが、話したがらない親も多いです。その場合は、ムリに聞き出さずにまずは資産リスト（借金も含め）をつくっておいてほしいと頼むにとどめ、医療費・介護費の準備ができているかだけでも確認しておきましょう。

あらかじめやっておこう！

シートで聞いているのはほんの一部です。他にも葬儀に呼びたくない人など、話題になれば聞いておいてもいいでしょう。

◎エンディングシート◎

（当てはまるものに☑をつけましょう）

【延命治療と尊厳死に関して】

Q 回復の見込みがないとわかったときの希望は？

□ できるだけ延命措置をしてほしい
□ 延命措置をせず、自然な死を希望する
□ 家族に判断をゆだねる
□ その他（　　　　　　　　　　　　　　　　　　　　）

【臓器提供と献体に関して】

Q 亡くなった後の臓器提供や献体の希望は？

□ 臓器提供を希望する（ドナーカードを用意してある）
□ 献体を希望する（登録もしてある）　□ どちらも望まない

【葬儀について】

Q 葬儀についての希望は？

□ 生前に予約をしてある：葬儀社（　　　　　　　　　　）
担当者・連絡先（　　　　　　　　　　）
□ 希望あり（　　　　　　　　　　　　　　　　　　　　）
□ 希望なし

【お墓について】

Q お墓についての希望は？

□ 先祖のお墓に入る
□ すでに準備してある（　　　　　　　　　　　　　　　）
□ 準備していない

【遺言書について】

Q 遺言書は用意していますか？

□ ある　□ まだないが書く予定　□ 書いていない

【その他】 Q　何か特別な希望は？

（　　　　　　　　　　　　　　　　　　　　　　　　　）

7-6 個人賠償責任保険に入っているか確認を！

１億円の補償を付けても年間保険料は千数百円程度

個人賠償責任保険は、誤って他人にケガをさせたり、他人のモノを壊したりして、法的な賠償請求を受けたときに補償される保険です。飼い犬が人に噛みついてケガをさせた、自転車で人にぶつかってケガをさせたなど、さまざまなケースで補償されます。

この保険が注目されるようになったのは、2017年にＪＲ東海・大府駅での認知症高齢者の事故に対する最高裁判決が出てからです。家族が目を離したすきに要介護４の認知症の男性（当時91歳）が線路内に立ち入って電車にはねられて亡くなり、ＪＲ東海は、事故による振替輸送費等の損害賠償を求める裁判を起こしました。

一審は離れて暮らす長男の監督責任と母親の過失責任、二審では母親に監督責任が問われたものの、最高裁では「監督義務者不在」で賠償請求は棄却。しかし、**監督責任を問える客観的状況があれば、離れて暮らす子供でも責任があることが明確になりました。**

認知症の親が事故を起こしたときは、監督義務者としてもう一方の親が賠償請求される可能性があり、また、離れて暮らす息子・娘の立場でも、同様に監督義務者として賠償請求される可能性があるのです。親世帯も、子供世帯も個人賠償責任保険の加入は必須です。

なお、親世帯の加入状況を確認する際には、親が住んでいる自治体のサービスも確認してみましょう。最近は、認知症高齢者の賠償事故を補償する保険に無料で加入できる自治体もあります。

ここに注意！

誤って線路に立ち入り列車を止めただけで車両に損害がなくても補償されるよう改定した保険会社もありますが、改定されたのは特定商品の特約だけ。必ず補償内容を確認しましょう。

◎個人賠償責任保険（特約）が付いている可能性がある商品◎

- 自動車保険
- 自転車保険
- 火災保険
- 賃借人向け火災保険
- 管理組合で加入しているマンションの共有部分の火災保険（※）
- 傷害保険（学生の団体保険を含む）
- ボランティア保険
- 共済（都道府県民共済やCO・OP共済「たすけあい」、全労済「こくみん共済個人賠償プラス」など）
- クレジットカードの保険サービスに任意加入（有料）

（※）ついていない場合もある。

◎個人賠償責任保険で補償対象となる人◎

①本人（記名被保険者）　②配偶者

③本人または配偶者の同居の親族

④本人または配偶者の別居の未婚の子（仕送り中の学生など）

⑤本人が未成年者または責任無能力者の場合、②～④に該当しない本人の親権者や法定監督義務者、および監督義務者に代わって本人を監督する者（親族に限る）。ただし、本人に関する事故に限る。

⑥上記②～④のいずれかの人が責任無能力者である場合、いずれにも該当しない親権者、その他の法定監督義務者、および監督義務者に代わって責任無能力者を監督する者（その責任無能力者の親族に限る）。ただし、その責任無能力者に関する事故に限る。

（＊）⑤、⑥は、ＪＲ東海認知症事故の最高裁判決などを受けて、主な保険会社が約款を改定した部分です。ただし、改定後の個人賠償責任保険の内容は、改定後に新規加入または更新をして新しい特約を付けた場合に限られることに注意しましょう。

7-7 家族信託の利用についても検討を

家族信託のしくみは？

親が意思能力を失ったときの財産管理を家族が行なう場合に、最も適した方法は「**家族信託**」といえるでしょう。財産が少なくても利用できるうえ、成年後見制度（☞82ページ）と違って、第三者が関わることなく利用できます。ただし、親が元気なうちしか契約できませんので、家族でしっかり話し合っておきましょう。

家族信託では、親は「**委託者**」となりますが、子供の１人など信頼できる「**受託者**」と契約し、財産の名義をその「受託者」に移し、親の代わりに財産管理や運用、場合によっては売却などの処分を行なうしくみです。「受益者」は、財産を管理・処分、運用を行なったことで得られる利益を受ける人をいい、通常は委託者である親です。

親が認知症になっても財産を処分できる

家族信託を利用すると、財産の名義が「受託者」である子供に移るため、委託者である親が認知症になってしまっても、契約で定めた範囲で、受託者が財産の管理や運用・処分を行なうことができます。

受託者は家族のなかから選ぶため、報酬なしで済むうえ、介護費用の捻出のために自宅を売却する行為も、預貯金の引き出しも可能です。

一方で、成年後見制度もあり、この制度でも親族が後見人になることは可能ですが、その場合は、専門職の「成年後見監督人」が付いて、毎月の報酬が発生します。預貯金の引き出しも毎回、家庭裁判所の了承を得る必要があり、時間も手間もかかります。それと比べると、家族信託のほうが利用しやすいといえます。

家族信託を利用するには、財産管理や遺産承継などについて計画

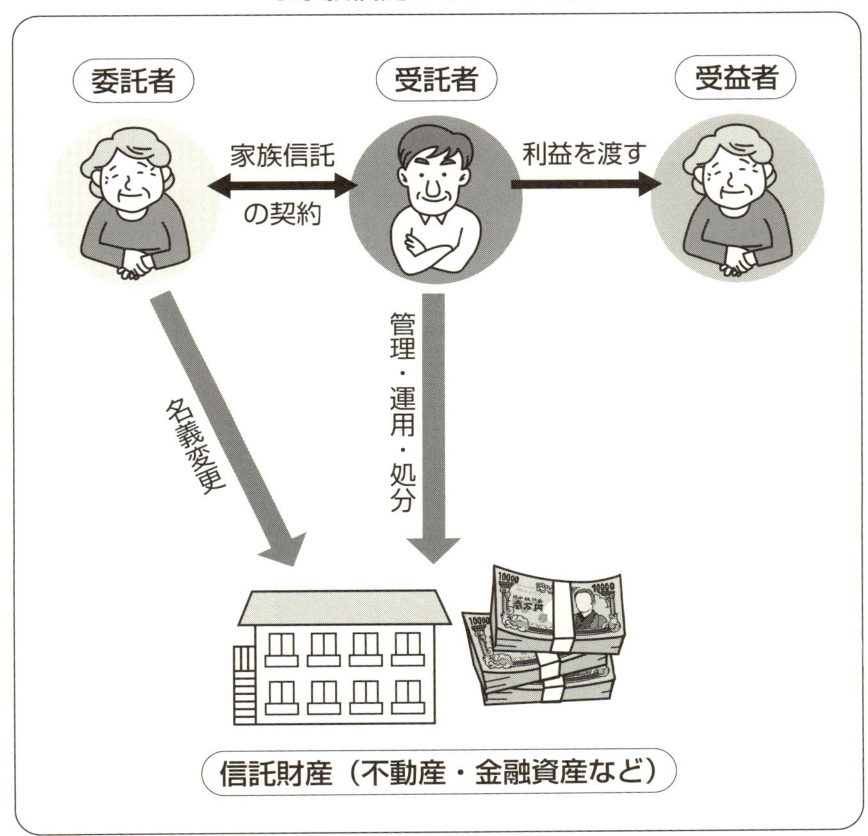

し、契約書を作成したり、登記などの手続きを行なう必要があります。家族信託に詳しい弁護士や司法書士に相談するといいでしょう。

ここに注意！

家族信託は、親が意思能力を失ってからでは契約できないので、利用する可能性があるのであれば、早めに相談しておきましょう。

7-8 医療費・介護費専用口座を親につくってもらう

子供だけでは親の口座からは引き出せない!?

認知症が進んで判断能力が落ちると、預金口座は原則、凍結されます。認知症の親の介護費を親の口座から引き出したいと子が窓口で相談をすると、金融機関は「本人を連れてきてほしい」といいます。そうして、その時点で口座が凍結されてしまうことも。

そのため、親が70代になったら、医療費・介護費の専用口座をつくっておいてもらい、いざというときはそこから支払うよう準備をしておいてはいかがでしょう。ただし、**資金は必ず普通預金**にしておき、カードで引き出せるようにしておくことがポイント。

両親それぞれの名義で、それぞれの医療費・介護費専用口座をつくっておいてもらいます。必要なときに使えるよう、カードの保管場所や暗証番号を聞いておきましょう。

家族による不正使用を避けるため、きちんと出納帳をつけ、家族で確認できるようにしておくことも大事です。法定後見制度（☞82ページ）を利用するまでの間をそれでしのぐことができます。

なお、信託銀行でも、認知症になった親の代理人がスマホでお金を引き出し、ほかのきょうだいがスマホで閲覧して使用内容を確認するサービス（代理出金機能付信託）などもスタートしています。コストはかかるものの、もめごとは避けられて便利です。

あらかじめやっておこう！

認知症の人の資産が、2030年には200兆円になるとの試算もあり、今後、さまざまなサービスが登場してくると思われるので、上手に活用していきましょう。

7-9 万一、仕事を辞めても やっていける準備を！

介護で共倒れにならない手は早めに打っておく

政府が介護離職ゼロを掲げるなか、離職者が減る動きはあまり見られません。でも、政策による変化を待って何も自助努力をしなければ、人生100年時代、将来に泣きを見ることにもなりかねません。

もし、どっぷり介護に関わることになって、正社員からアルバイトなどになったり、どうしても仕事を辞めなくてはいけなくなった場合でも、共倒れにならずその後の人生を送っていける状態をめざしたいもの。たとえば、次のような方法があげられます。

- 親に資産があるなら将来的に相続を受ける
- 資産に働いてもらう（住んでいた家を賃貸に出す、など）
- お金に働いてもらう（株式投資や投資信託の積立てなど。年40万円までの投資信託の積立てで、売買益や配当が非課税になる「つみたてＮＩＳＡ」も活用を）
- 介護の体制が落ち着くまでは失業給付を受ける
- 自宅でできる仕事を始める
- 資格取得の期間と割り切り、介護のかたわら学習する（雇用保険の教育訓練給付制度を活用する）

医療なども関わる在宅介護の場合は、親の命を預かることにもなり神経も使います。デイトレーダーのような働き方は向かないかもしれませんが、介護一色の生活にならないよう、制約があるなかでもできることから始めてみては？

ここに注意！

介護生活が終わったときに「何もない」という状況に陥らないようにしたいもの。

知っ得コラム

介護をしてくれた人に多めに財産を渡すには？

介護は相続人で平等に、とはいっても、なかなかその通りにできないこともあります。一部の人に偏ってしまうことも。そんなとき、親の立場では、介護をしてくれた人に財産を多くあげたいと考えるのは特別なことではないでしょう。

相続法の改正で、2019年7月以降は、亡くなった人の看護・介護を相続人でない親族（嫁や婿、甥や姪など）が無償で携わった場合でも、「特別寄与者」として相続人に請求できるようになりました。しかし、請求できる額は案外小さな額に留まるようです。

介護をしてくれる人に報いるには次のような方法がありますが、やはり親が元気なうちから準備をしておくことが大事です。

●生前贈与

生前贈与は特定の人に財産をあげる手段で、法定相続人以外の人でも可能です。このとき、遺言書に「（生前贈与分を相続財産として）持ち戻すことを免除する」と記載しておくことを忘れないようにしましょう。

●生命保険の受取人に

介護者を生命保険の受取人にする方法もあります。生命保険は、相続財産には含まれず受取人固有の財産となります。すでに加入している保険の受取人を変更する形でも可能です。

●遺言書を書く

介護を担う相続人に多くの財産をあげたい、あるいは法定相続人以外の人が介護をしてくれるので財産をあげたいといった場合は、遺言書を作成しましょう。

●養子にする

法定相続人以外の人が介護をしてくれて、確実にその人に財産を残してあげたい場合は、養子にする方法もあります。

介護を一手に引き受ける人は、いずれかの方法を取ってもらうよう親や家族に申し出てもいいかもしれません。ただし、介護資金を使った後も資金が残る場合に限られますが…。

おわりに

人生、山あり谷あり、転機あり――。そんななか、相談者が描く未来予想図や夢を実現するために、家計経済面の問題を指摘したり、さまざまな提案をするのがファイナンシャル・プランナー（ＦＰ）の仕事です。必要なときは実行支援も行なう場合があります。

医療や介護の専門家でないＦＰに、親の介護関係でどんな相談ができるの？　という声もあるでしょう。私も、親の介護に関しては、他の相談の際に二次的に受けることのほうが多いです。たとえば、こんな相談があります。

●親が急に要介護状態に。どこにどう相談していいかわからない
●介護で仕事を辞めないための制度を知りたい
　⇨ **情報提供で対処**
●在宅介護も費用がかかる。親の資金の持続性を確認したい
●有料老人ホームに入った場合の親の資産の持続性を確認したい
●介護で仕事を辞めたら自分の未来はどうなるか
　⇨ **キャッシュフロー表を作成して確認**
●親が元気なうちに家族信託の契約をしたい
●有料老人ホームに入るので住宅を活用したい
　⇨ **専門家と一緒に実行支援を行なう**

家族のあり方や価値観の違いなどもあり、介護へのかかわり方には絶対的な正解はありません。重要なのは、後悔がないようにすることです。

本書がそのヒントを提供できることを祈っております。

豊田 眞弓

【参考文献】

『介護保障ガイド』（生命保険文化センター）
『入院・介護はじめてガイド』（服部万里子・黒田尚子著、主婦の友社）
『これで安心！ 入院・介護のお金』（畠中雅子・新見昌也著、技術評論社）
『親の入院・介護ですぐやること・考えること・お金のこと』（太田差恵子著、翔泳社）
『身近な人が元気なうちに話しておきたいお金のこと介護のこと』（井戸美枝著、東洋経済新報社）
『親の入院・介護が必要になったときに読む本』（豊田眞弓編著、日本実業出版社）

豊田眞弓（とよだ　まゆみ）

ファイナンシャル・プランナー、住宅ローンアドバイザー、終活アドバイザー、相続診断士。小田原短大非常勤講師。マネー誌ライターを経て、94年より独立系FP。マネーコラムの寄稿や個人相談、講演・研修講師などで活躍。「人生の3.5大支出」（教育・住宅・老後+介護）に備え、持続可能な家計の形成を提案し続けている。「親の介護・相続と自分の老後に備える.com」の運営管理も行なう。
『ひとり老後を快適に暮らす本』『住宅ローンは55歳までに返しなさい!』（以上、アニモ出版）、『夫が亡くなったときに読む本』『親の入院・介護が必要になったときに読む本』（以上、日本実業出版社）、『50代・家計見直し術』（実務教育出版）など著書多数。座右の銘は「今日も未来もハッピーに!」。趣味は講談、ウクレレ。

親の入院・介護が必要になるとき
いちばん最初に読む本

2019年 9 月10日　　初版発行

著　者　豊田眞弓
発行者　吉溪慎太郎
発行所　株式会社**アニモ出版**
〒 162-0832 東京都新宿区岩戸町 12 レベッカビル
TEL 03(5206)8505　FAX 03(6265)0130
http://www.animo-pub.co.jp/

©M.Toyoda 2019
ISBN978-4-89795-229-1
印刷：文昇堂／製本：誠製本　Printed in Japan

落丁・乱丁本は、小社送料負担にてお取り替えいたします。
本書の内容についてのお問い合わせは、書面か FAX にてお願いいたします。

アニモ出版　わかりやすくて・すぐに役立つ実用書

ひとり老後を快適に暮らす本

豊田 眞弓・佐川 京子 著　定価 本体1400円(税別)

生きがいの見つけ方から、家計管理、住プラン、老後資金、保険、介護、相続対策、エンディング・旅立ちに関する実用知識まで、ハッピーな老後を迎えるためのコツがいっぱい！

住宅ローンは55歳までに返しなさい！

豊田 眞弓 著　定価 本体1400円(税別)

住宅ローンを55歳までに返済するための住宅取得プラン、ローン返済術から、教育資金・老後資金の考え方・備え方までを実践的に指南。マイホームを買う前に読んでおきたい本！

相続・贈与 知らないと損する㊢ガイド

【改訂2版】弓家田 良彦 著　定価 本体1700円(税別)

モメない相続のしかたからカシコイ節税対策まで、相続・贈与に関するあらゆる疑問にわかりやすく答え、相続で損をしないための知恵とテクニックを網羅。相続対策本の決定版！

図解でわかる社会保険 いちばん最初に読む本

【改訂4版】山田芳子 編著・米澤裕美 著　定価 本体1500円(税別)

公的医療保険（健康保険）や介護保険、年金保険から労災保険、雇用保険まで、社会保険のしくみと基礎知識を図解入りで網羅。初めての人でもスラスラ頭に入ってくる超・入門書。

定価には消費税が加算されます。定価変更の場合はご了承ください。